33

青少年生涯教育的
个关键词

钟敏◎著

重庆大学出版社

图书在版编目（CIP）数据

青少年生涯教育的33个关键词/钟敏著. ——重庆：
重庆大学出版社，2018.9（2022.3重印）
ISBN 978-7-5689-1042-2

Ⅰ.①青… Ⅱ.①钟… Ⅲ.①青少年教育—家庭教育
Ⅳ.①G782

中国版本图书馆CIP数据核字（2018）第054111号

青少年生涯教育的33个关键词
QINGSHAONIAN SHENGYA JIAOYU DE 33 GE GUANJIANCI
钟 敏 著
策划编辑：唐启秀
责任编辑：唐启秀　　版式设计：唐启秀
责任校对：关德强　　责任印制：张 策

＊

重庆大学出版社出版发行
出版人：饶帮华
社址：重庆市沙坪坝区大学城西路21号
邮编：401331
电话：（023）88617190　88617185（中小学）
传真：（023）88617186　88617166
网址：http://www.cqup.com.cn
邮箱：fxk@cqup.com.cn（营销中心）
全国新华书店经销
重庆华林天美印务有限公司印刷

＊

开本：930mm×1280mm　1/32　印张：7　字数：140千
2018年9月第1版　2022年3月第4次印刷
ISBN 978-7-5689-1042-2　定价：28.00元

序

做孩子生涯发展中真实的陪伴者

北森生涯学院　林欣

　　接到钟老师的邀请，我的心里有一丝欣喜，也带着一份期待。欣喜的是有机会见证一位生涯教育者成长的步伐，在这些步伐里我往往能够看到那些蓬勃向上的生命能量，也能够汲取无数的生涯智慧；期待的是我很好奇，因为心里满是"PCDC 课程"上那个全身心投入的温柔而坚定的影子，满是在朋友圈分享成长经历的那个知性而温暖的声音，我很想知道在这一年多的时间里，在这个美好的生命之上又发生了哪些蜕变和领悟。

　　当然，还有一点，就是在生涯这个领域，已经有不少的作者在耕耘播种，各种教材、读物，甚至翻译大作都频出不鲜，但作为家庭亲子用的生涯读本的确是尚未得见。而钟老师在大学的讲坛上耕耘多年，近年来又一直热心于中学生的生涯实践，并且自己还有一个处于青春期的女儿，写起这个题材来想必是实践丰富、颇有妙处。

找一个可以专注的时间展卷，短短几句，作者的前言就触动了我，那种对于生命困境的真诚感叹，让我明白这本书不同于其他的生涯理论和工具书。它不是停留于大脑的条分缕析式的理性解剖，而是带着温度也带着情感色彩的心灵对话录。作为一位母亲和一位生涯教育者，钟老师在书中将两种角色自然地融于一体，使得生涯这个专业术语变得如邻家女孩般亲切而熟悉。"你那个好朋友怎么不找你玩了？""和父母谈心是'没长大'的表现""你如何为自己做主"，钟老师以她特有的亲和视角，让一个个专业问题由这些看似鸡毛蒜皮的小事，轻轻松松地就走进了读者心里，通俗易懂、紧扣人心。因此，虽然是一本旨在启迪生涯意识的专业亲子读本，但是读起来，却非常轻松自然。从中，读者既能体会到钟老师作为学者的专业、严谨，又能体会到一种柔柔的母性情怀。

生涯，实在是一个很复杂的话题，它小到具体的工作岗位选择，大到和生命连接。钟老师很巧妙地选择了生涯溯源当中难以割舍的家庭视角，从我们的来处轻轻地拨开生涯现实的面纱，让我们看到父母对于孩子生涯的影响，并借此呼吁现在的父母当立刻警醒，以成为孩子生涯成长中真正有效的陪伴者。

因为是亲子读本，所以钟老师选择了双重视角，她一手牵着孩子，从自我探索、人际关系、自我管理、独立决策四个环节入手，使孩子们趋向一条由被动到自动的蜕变之路。这条路走得并不容易，它必须经由孩子的自我了解、自我监控、环境协调和独立承担一路摸索碰撞。在这些摸爬滚打中，家长的角色不可忽视，因此钟老师的另一只手拉起了家长。她教家长如何给孩子创造了解生涯的空间，如何能够回撤自己不恰当的爱而找到合理的教育信念，还告诉父母要建立未来的视角。这些既是她的经验之谈，也是现代家长面对未来教育的必修课。不仅如此，在这本书中还特别关注了亲子交错的部分，把亲子的沟通、合作、影响等都纳入讨论，将一些实用、有效的技巧倾囊相授。因此，无论对于孩子，还是家长，读这本书都可以从中发现自己的暖心之处，也能够从中领悟对方身上平时难以理解的部分。

无论是经验，还是技巧，钟老师都选取了一种耐心的姿态娓娓道来。也许正因如此，整本书的节奏安排也是不紧不慢、缓急有致，和周围喧嚣、浮躁的城市韵律形成了鲜明的对比。读着读着，你的心也不由自主地会慢下来、静下来，悄悄进入书中的故事和情绪，甚至仿佛可以感觉到钟老师温柔的声音就回响在耳畔。那种发自内心的关怀，使得每句话

序

都如沁润的春雨，带着丝丝清凉和甜意融入心田，为焦躁已久的内心世界打开了一扇希望的窗。而这希望不正是当代教育中所最最缺乏的从容而自然的绿荫吗！

生涯教育的普及开启之路，在中国，短短十数年，却不断孕育出新花。点燃每个人的生涯之路，不仅是北森的期待，也是千千万万个中国家庭的期待。在每一位生涯教育者的背后都有着无数憧憬的眼睛，因此，这一路的坚守，无论站在怎样的舞台，都需不辱使命！非常感谢钟老师能够奉献这样一部真诚的佳作，也期待在中国能够有越来越多的"钟老师"用自己的生命智慧去点燃更多的生涯明灯，让我们伟岸的民族能够铿锵前行！

导读

　　近几年，我经常到家长和青少年当中做一些分享和交流。印象最深的一次是2016年的初夏，我和我的团队来到了一所普通的乡镇，全国有数以千计这样的普通乡镇：适龄青少年无法进入主城公立学校学习，就读的城镇学校师资条件较缺乏，留守儿童比例大，家长因工作繁忙对子女关注较少，家庭教育中的支持缺乏，无法为子女成长提供良好的经济支持；当地社区给予青少年的职业认知和未来的生涯发展认知较为消极，政府公共服务介入有待加强，社区资源贫乏……

　　那天上午，我为当地乡镇干部和居民做了一场关于"基于生涯教育视角的青少年成长应对"的讲座，与日常在学校的讲座不同，我把大多数的案例指向了家庭教育，因为目测现场听众，大多是"青少年"的家长们，我想用"当事人"的角色引发共鸣。讲座进行得还算顺利，家长们略显拘谨，几番调动之后也有了良好的互动，听者的专注和朴实让我感动。

　　意料之外的是，在讲座结束之后，午间散

步,路过一家民宿的院子,突然被一个中年妇女叫住,她的声音有些嘶哑,显然是哭过,她说:"钟老师呀,听了你的课,我越想越伤心,当初我的娃儿遭了我多少打呀,他不听话我没有办法,我都不知道事情还可以像你说的那样去想、去做,我晓得我们当家长的也有很大的责任,就是不晓得该怎么办呀,我真是后悔呀!"这位家长我姑且称为黄姐吧,她的儿子是当地出了名的捣蛋鬼,现在送去了部队当兵。黄姐说,儿子当初逃课、打架、厌学,升学无望就送到部队去"折磨"一下,一送就是千里之外,也不知道儿子有没有责怪自己这个当妈的。站在院子外看着黄姐,我好生感慨!

当天下午,我接着去了当地唯一的一所只有八个班的乡镇初级中学,给三十个初三的孩子做了一场团队辅导,主题是"未来 你是谁"。他们的老师之前跟我进行过一些沟通,乡镇中学的孩子有个别拔尖的能够升入主城的公立高中,但是其余大多数孩子存在学业表现不佳、对未来生涯发展预期消极、自信心不足、逃学及网络成瘾等问题,较早辍学务工的现象较多。一场团辅下来,孩子们的表现却改变了我的认知。团队辅导以"逻辑层次技术"为主线,首先通过"生涯幻游"的方式引导孩子们与未来的愿景联接,然后将"十年后的自己"用图画绘制并分享出来,尤其到了最后一个环节——"说出十年后的你对现在的你的一句寄语",每一个孩子站到场地中间说出一段话,在场的每一个人都成为他（她）的见证人。

> 十年后我是一名游戏设计师，我想对现在的自己说，"有些事情只有你自己清楚，别想那么多，坚持下去！"

> 十年后我是一名厨师，那时候我会是这个班里最会做菜的人，我想说，"去做你喜欢的事情吧，把天下的美食都尝遍！"

> 十年后我是一名舞蹈家，我会说，"谢谢你的坚持，你的选择是对的！"

> 十年后我有一个幸福的家庭，我会是一个好妈妈，我想对自己说，"好好生活，你一定会越来越好！"

关于未来，充满了未知又饱含期待。在场的老师和摄影师都被孩子们的纯真和美好感动得热泪盈眶。每一个梦想都值得尊重，每一个孩子的成长都应该获得更好的支持！

在我自己成为生涯教育的受益者，进而成为生涯教育的传播者的过程中，我希望我的教育对象记住的远不只是那些知识内容，更有彼此的体验和感觉，以及由此激活的大众对于生涯教育的好奇、展望和信心。在 2015 年北森的生涯教育国际论坛上，林欣老师、钟谷兰老师回顾了"生涯十年——滴水所现之大海"，这一路，我们大多数的人坚守其中，不同的平台把我们推到不同的格局，我们注定平凡，但使命不凡。

目前，我既是一名教育工作者，也是"一位母亲"，我的职业生涯发展伴随女儿的成长有了全新的视角，这促使我想要撰写此书。孩子进入青春期更加敏感、多变；每周从寄宿学校回来都可能带给我们"突如其来"的惊喜；她在不断尝试新鲜事物、触碰新的领域；她的想象力和创造力让我感觉到有一个全新的她随时等待蜕变。有一股力量即将喷薄而出！我开始思考，在家庭教育中，是否可以让家长和孩子看到亲子过程中新的可能，感知亲子教育背后更加深远的生涯意义？如果他们能获得生涯教育传递的价值，这会给他们的生活、工作带来哪些不同？因此全书从一个具备生涯教育能力的家长——"老妈"的视角，为青少年读者和他们的父母解读"青少年生涯教育"。

这不是一本教会青少年和家长如何去进行高考志愿填报、如何进行职业生涯规划、如何去求职的书，因为笔者认为相比这些需求而言，今天中国的家庭教育还有许多问题有待澄清。本书的内容是依据生涯意识唤醒（生而有涯）、青少年资源认知（你的宝藏）、家长资源认知（我的财富）、亲子资源认知（一起玩才快乐）四个板块来架构的。

生而有涯。在这个部分，将透过三个青少年的成长故事了解到生涯的意义，以及什么是生涯、什么是生涯教育。

你的宝藏。生涯发展是一个"由内而外"的过程，青少年要具有成长的"内生动力"，首先需要从自我的资源开始挖掘。这些资源包括青少年的自我探索（独一无二的你就是最好的你）、人际关系（你的朋友圈）、自我管理（你如何为自己做主）、理性决策（To be or not to be）四个部分。

我的财富。家庭环境是青少年赖以成长的有力支持，家长们自身所具有的资源不容小觑，包括来自家长职业的直接支持（干着工作带你飞）、所持有的教育信念（我爱你，所以我信你）、所具备的未来视野（世界怎么变？我们如何追？）。

一起玩才快乐。亲子教育必然需要更多互动的方式。本书在最后一部分提供了在亲子沟通（有话好好说）、亲子合作（带你一起搞事情）、亲子发展（朝向未来一起成长）三个方面的建议，供青少年和家长们参考。

全书通篇将出现33个关键词，即对青少年生涯教育相关内容的提炼，便于读者理解和把握。

此书算是我多年从事青少年生涯教育的一个小结，它所涉及的部分还不够完善。今天撒下的种子，不知会开出什么样的花，点滴风景总是收获，我们一路砥砺前行。

钟 敏
于重庆大学城

导读

目录
Contents

第一篇
生而有涯

I 故事里的生涯

> "我的"问题始终都在那里，我们不去探索问题本身，我们寻找解决问题的办法。　　——作者

　　书名中所提到的"你"，特指年龄处于 13~25 岁，且心智发育正常、社会功能性需求开始增加、自我概念逐渐形成，尤其需要自身的努力和周围环境不断给予引导、支持的青少年阶段的"你"。当下的你正是处于生涯发展的探索期。

　　在人的一生中，青少年时代懵懂、好奇，也最为难忘。一个人由童年进入青少年阶段，自己以及周遭的人都能感受到你的身体和心灵所发生的剧烈变化，命运在这个时刻悄无声息地发生改变，在你身体内某些本质的东西开始显现和形成，自我开始觉醒，各种困惑纷至沓来。

　　——我总是很难专注地做一件事（学习、减肥、锻炼、社团活动……）。

　　——我该不该为他人改变自己？

　　——我不喜欢自己。

　　——我不知道自己对什么感兴趣。

　　——我不想成为爸妈那样的人，但是我不知道除此之外我还能干什么。

——我没有多少关于职业的信息。

——我不确定成为一个教师、公务员或者企业职工对我意味着什么。

——我总是瞻前顾后、信心不足、犹犹豫豫。

——我对自己的学习状况不满意，但是我无能为力。

——学校里没有真正的朋友，我很孤独……

在以下的几个典型案例中，你可能会找到一些自己的影子。

关键词：选择权

孩子要不要坚持自己的想法？

　　小顾，刚参加完高考的高三学生。由于对之前选择的学科不是很感兴趣，导致小顾并没有取得理想的分数。小顾决定复读，而且不想选择之前学的理科课程（物理和化学），想改学文科方面的，比如政治和地理等科目，以后也想从事行政管理这方面的工作。但是家长持反对意见，老师也不支持，都认为短时间内重新学习新的科目很难且成效未知，小顾不知道到底要不要坚持自己的想法。

　　孩子，如果这件事发生在你的身上你该怎么处理呢？如果换个角度，你是这个孩子的家长又将如何给她建议呢？现在先不妨合上书，闭上眼睛，想想"我"能做些什么？

从生涯管理的视角看，这其实是一个典型的青少年生涯发展决策困境。其中存在两组矛盾：近期高考目标与远期职业目标之间的矛盾、孩子个人意愿与家长意志之间的矛盾，其间还穿插着孩子现实学业困难与未来不可控等因素的干扰。而困境的核心是关于"决策权"的问题。当我们要作一个决定，首先需要拥有决策权。失去了决策权，就只能选择"适应"。例如，你不能决定周末是否补课这件事，就只能接受补课这个事实，不仅学会接纳还得调整"对立"的坏情绪，让上课时的心情好一点。

回到小顾的"理改文"的问题上，"决策权"在哪里？小顾要不要、能不能坚持自己的想法？无论是当前的"学涯"还是未来的"职涯"，业已成年的小顾才是真正的当事人。成长的过程冷暖自知、责任自负。但是我们不容忽视这样一个问题：家长们过多地拿走了孩子的选择权。孩子每天穿什么衣服、戴哪个发夹、交哪些朋友、选什么兴趣班，但凡是能替代的事儿一律由家长做主，很少有家长能像孩子牙牙学语、学走路时那么耐心地去等待，觉得快速又安全的决定总是好的。殊不知，家长已经在不经意中造成了孩子的依赖和软弱。

新高考改革的核心是把更多的选择权交给"你"。原来的"被"选择、"被"安排、"被"制订转化成必须主动选课程、选考试、选专业、选学校，原来的文、理两种组合变成了"政治、历史、地理、物理、化学、生物、技术（部分

地区）"的多种组合。由此，不断放大的选择权与相对较弱的选择能力之间的失衡，已经成为大多数中国高考家庭面临的难题。而这些宏观的教育变化将对每一个青少年学生的未来规划产生重大的影响。

本案例的当事人小顾后来选择了"理改文"。她的理由是理科努力了也学不好，文科还有学好的机会。面对父母的反对，她决定坚持自己的意愿。后来小顾进入了一所大学念中医药专业，她说她不后悔自己当初的选择。

在华支教十余年的德国青年卢安克说，"我的学生要找自己生活的路，可是什么是他们的路，我不可能知道。我能给他们的是，走这条路需要的才能和力量。"这句话值得与每一位家长共勉。

关键词：亲情

原生家庭的羁绊

这个案例的主角是老妈做"生涯咨询"时的一个来询者，大一新生，小杨。

小杨父母的婚姻没有得到母亲所在家族的认可，以至于小杨对家族的长辈甚至是自己的父母产生了怨恨。她选择以冷漠的方式应对遭遇到的不公平。进入大学后,远离家族的纷争,她开始反思:要让自己活得更好,先要放下怨恨从而改变自己。在整个咨询过程中,我印象最深刻的是来询者的两次叩问:

> 在一次家庭聚会上,那时候我只有三四岁,大人忙不过来,就让我找个地方放一个东西,后来他们找不到了,一群大人围着我、责备我,我的印象特别深刻。我记得当时我妈就哭了,她说:"她这样一个三四岁的小孩,你们责备她是什么意思?是你们让她放的,又没有说让她放在哪里,现在能怪谁?"也不知为什么,这件事情我记得很清楚。(来询者当时还很小,除了哭泣,无力辩驳,妈妈的叩问就是她的心声。)

> 让我最痛恨的是,就算妈妈那个大家庭一直都很恶劣,只要我们这个小家好就够了呀。但是我爸妈经常吵架。为此我也挺恨我爸的,我妈都因为他跟自家人断绝关系了,他还经常因为那些人跟我妈吵,从来都不为我妈考虑。小时候,他经常跟我妈吵架,我一睡醒就发现我妈蹲在我床边哭。我妈问如果爸妈离婚了,我会选择谁?我同情我妈但也恨她,我是一个孩子,你为什么要跟我讲这些?!作为一个孩子,我会很难过,我也会想很多。(这位妈妈无意当中给孩子制造了一个创伤性的成长环境,把孩子变成最能够理解自己的人,这就是所谓"同病相怜"的亲情负担。)

> 两次叩问让我们看到了一个原生家庭的脆弱,看到

这个孩子的无助。每一个人都被深深地刻上了原生家庭的烙印，我们自身的优点继承于原生家庭，缺点也继承于原生家庭。我们一生所有的痛苦深层次的原因都可以追溯到原生家庭给我们的一切（尤其是性格和心态上的缺陷），我们用它来面对遇到的人和事。2017年热播的电视剧《欢乐颂2》中美貌、聪明、高情商的樊胜美不断受到来自原生家庭的侵犯，她缺乏父母的关爱却要担负起赡养老人的重任，她永远都活在不争气的哥哥的阴影中。不仅每天都能看见被爱和不被爱的对比，还要不断为哥哥的荒唐买单。这样的成长环境直接导致了樊胜美对人情世故精于算计，一心想着依附于强大的男性来改变自身的处境，她既要以财富为底色的婚姻，又要真情和爱！这样畸形的恋爱观也伤害了她自己来之不易的一份真挚、纯洁的爱情。

让人欣慰的是，这位来询者面对新的大学生活，表现出积极的信号：

> 我的性格比较孤僻，别人常常没有办法理解，很多时候我喜欢一个人待着，跟别人交流我会觉得很累。家里的这些问题让我的性格受到了影响，我想找一个方法来改变这样的状况。

每个人刚生下来都是一张白纸，原生家庭带来的问题，是可以通过自己的成长来改变的。我们除了依附于原生家庭的那已经过去的一二十年，掌握在自己手中的，还有未知的五六十年。在生涯咨询过程中，老妈帮助来询者一起寻找过往的积极因素，从而创建新的人生经验和新的依恋关系，来降低原生家庭的负面影响。

一个月以后，小杨的咨询即将结束。她为自己的"家庭生活"维度评估打了9分（满分10分）。她认为：

> 我13岁就离开家庭独自外出读书，一年几乎都只在暑假和寒假回家。有人会觉得这样的我不是应该和父母的感情很淡么？其实很多事情都具有双面性。我离开了父母，见面和沟通的机会变得很少了，可是独自在外的我在生活上不得不渐渐地变得独立自主起来，在情感上对他们的依赖却变得比以往更强。同时，他们因我逐渐变得独立自主感到欣慰的同时，更多的是对我的心疼与担忧。心疼我那么早就离开家独自生活，担忧我没法融入新环境。这样的情感交流让我们把彼此的心靠得更近，也更加珍惜难得的相聚时光。渐渐地，我们变得越来越亲密，我可以和妈妈谈论我的爱情，可以和爸爸商量着决定我人生中的大事。

她迈出了重要的第一步——**我要感恩这个"脆弱"的家庭，感恩父母给予我的一切**。离家求学的经历给小杨提供了新的机会，她可以控制自己与父母的物理距离，从而控制与原生家庭的心理距离。

◇分享◇

我们为你创造的家庭环境也不会是完美无瑕的，老妈也非常好奇你会如何化解那些不适应，你愿意跟我分享吗？

关键词：成长
从被动到自动的蜕变

　　小李，美国某大学大一学生，刚刚拿下第二学期GPA3.61的好成绩，他说近期的目标是在大三以GPA平均3.50以上的优异成绩再申请进入美国哥伦比亚大学继续学习。

　　小李中学阶段在某市重点中学就读，初中、高中阶段经历了一个惊心动魄的青春叛逆期，不重学业、沉溺游戏、呼朋唤友，与父母的关系从僵持发展到对立。进入高二，眼见升入国内一流大学的机会渺茫，父母建议小李暂停在校学习，通过培训机构开始准备托福和美国的高考。这样的决定是存在极大风险的，它意味着放弃国内的高考，意味着进入一个更加开放、宽松、不可控的学习环境。当然，事实证明正是这个选择推动了小李"从被动到自动的蜕变"。

　　为了跟孩子在备考美国高考方面达成共识，小李的父母想了很多办法。一方面请孩子信任的亲人长辈为其分析利弊、打气加油，另一方面广泛收集培训机构的信息、寻找可靠可信的教学资源。小李抱着试一试的心态办理休学，开始进入培训机构学习。新的学习环境里有睿智包容的老师、志同道合的同龄人，一次次的应考刷分让小李感觉到自己的进步，最关键的是他开始品尝到命运掌握在自己手里的滋味。

　　当然，一切并不都是那么一帆风顺的。原来的高中同学已经参加完中国的高考进入大学学习，小李却在"将就当下托福成绩申请大学"还是"再刷一次分推迟半年申请"中煎熬。小李最终申请到了美国一所较好的文理学院，但是没能进入常春藤盟校，这在他心里留下了深深的遗憾。

小李给我提到他刚入学的经历，最开始的时候啥都难，口语差、阅读速度跟不上，论文写作也是手生得很。第一学期半期考试科目中哲学、历史都是 B。后来他就在论文写作和演讲方面下大功夫。一篇论文熬了几个夜，再请教授改五六遍，后来拿了 A。他说其实当时他都没想到会拿 A，就觉得不要太差了。到了第二学期，各方面都比较熟悉了，状态有一些放松，跟朋友去玩儿的时间多了。半期下来成绩有些下滑，期末调整状态才补回来。

我们一起听听小李最近的心声：

现在，我跟以前最大的不同就是有了目标，并且有强烈的欲望想要去实现它。我取得现在成绩的原因大概就是我一到美国进入学习状态比较快，一来就考得比较好。我是那种如果一开始就学得好，后面就可以学得很好的那种人；如果一开始学不好，就很容易一直学不好，像我高中一样。我最开始状态比较好的原因应该是感觉爸爸妈妈把我送到这边来不容易，不好好学习太伤他们的心了。现在主要是想去哥伦比亚大学，它要求我每学期 GPA 达到 3.3。我觉得要好好学习才能达到这个目标，我不想错过这个机会。最近的学业规划基本是围绕这个目标去的，大一已经完成了阶段任务，后面两年也要作

终于考上了

好准备，一刻也不能松懈。

2017 年 7 月的一天，小李在中国的父母收到了一封来自美国的贺信，小李入选该校 the Dean's List，乜就是"优秀学生名单"。目前，无论是小李本人还是他的父母，都对未来充满了信心。小李坦然应对自己格局变化之后随之而来的种种困难，有了过往的经验，相信他可以沉淀下去并找到属于自己学习和生活的节奏。这，就是成长的意义吧！

◇给女儿的话◇

一个独立个体的生涯发展是沿着一系列阶段前进的，每个阶段都有其相对独特的问题、主题和使命。爱利克·埃里克森是最早研究生命发展且最有影响力的学者之一，他认为：人生各阶段具有基本的次序，人生中的关键问题都将依次闪亮登场；早期阶段的失败会影响后面阶段的发展。老妈还记得你一岁多的时候学习"下楼梯"，你紧紧抓着旁边的扶手，在阶梯边上下试探。小小的身影从小心翼翼到轻松自如，最后放开扶手、勇敢地踏下楼梯，你摇晃了几下，终于站稳了！那时的你，咧着嘴开心地笑着，深深感动了在一旁悄悄观察的爸妈。我暗自庆幸，在你开始勇敢探索这个新奇世界的时候，我们没有因为可能的危险去制止你，否则你就不能获得自己的控制感，就可能对自己感到不确定和怀疑，从而变得依赖于他人。

通过三个故事我们看到，像你这样的青少年在思考人生的意义和价值时，非常关心"我是个什么样的人""我应该朝哪个方向去"等问题。生涯发展存在着多种可能性与不可预测性，既有自身心理发展水平的限制又有原生家庭等外部环境的影响。在你成长最关键的阶段，作为家长的我们务必要掌握科学正向的生涯教育理念并采取相应的行动，避免你在关键时刻产生认识和行为上的偏差，避免出现发展危机。

其实，每一个问题背后往往都离不开三个关键词：角色、环境、事件。首先，在角色里，你到底是游戏规则的制订者还是参与者，你是导演还是演员？是主演还是跑龙套的？在前文提到的第二个故事里，上大学前小杨是家庭冷暴力的受害者，上大学后她可以自己主宰生活，可以放下过往开始新的生活。其次，我们要知道环境的期待，要清楚游戏规则的详细内容。在亲子关系里，这件事情是家长说了算还是按孩子的意愿来？最后就是，你得依靠自己的力量去灵活应对计划外或计划内的各类事件，比如第三个故事。小李明知哥伦比亚大学求学之路艰难却信心十足，因为他积蓄了足够的能量去应对。

总之，每个人生涯成熟的表现就是时刻清楚自己的角色、明确环境对自身的期待、合理应对生命中的每一个事件，这也一直是老妈从事生涯教育研究所专注的问题。

Ⅱ 生涯里的道理

有一种返老还童的神奇良药：永远在路上。——作者

上一节说到，可以从"生涯发展"的角度分析成长过程中遇到的各种各样的问题，今天老妈集前半生所学所思，给你叨叨生涯里的各种道理。

〉〉〉生　涯

中国古代关于"生涯"的论述："生"原义是"活着"，"涯"为"边际"，"生涯"连起来是"一生"的意思。自古就有白居易的"生计抛来诗是业，家园忘却酒为乡"，刘长卿的"杜门成白首，湖上寄生涯"的感慨。

西方关于生涯的定义："生涯"的英文单词 career，原意指"战车""道路"，引申为"个体一生的道路或进展途径"，隐含有"未知、冒险、奋进、向上"的意思。

未　知

一旦上了战场，战车就处于成败未卜仍要往前冲的状况。人生何尝不是如此？是所向披靡还是马失前蹄？我们大多数人明知未来不确定，依然能够作决策；也有些人会因为未来的不确定，犹豫不决、患得患失。爸爸妈妈也会为孩子成长

变化中的"未知"而焦虑:

——好不容易放中考假,女儿要约她初一年级的同学去市区中央公园玩儿一天。我不知道该不该同意。

——你纠结的是什么?

——我想我应该民主一点,但是我一想到一群青春期的孩子在一起闹腾一天,我就头皮发麻。交通安全吗?玩耍安全吗?很失控的感觉。

2017 年夏天的九寨沟地震,民众为逝者哀悼、为生者祈福。有一句话出现的频率变得超高:你并不知道"明天"和"灾难"哪一个先到来。明天的未知可能带来"风险",但是生活还是要继续下去。

冒　险

即使"未知"也要往前走,这就意味着要去冒险,冒险则意味着承担责任。在一些困境中,你到底是真的纠结还是怕承担责任?

——你害怕自己没有在孩子身边,孩子不安全?

——是的。

——你的孩子是寄宿生,一周有五天不在你身边,你担心不?

——那不是有学校吗?学校会负责的。

——那是不是可以理解为只要有人对你孩子的安全负责,你就可以放心地让他们聚会。

——嗯,应该是的。

老妈身边的大学生也时常存在这样的纠结:

——老师，我留在代课的学校（主城）还是赶紧去我的签约单位（郊区）报到？

——代课学校确定要招你吗？

——八成把握吧，不过也只能是代课老师的身份。

——已经有签约单位了，为什么还要犹豫？

——我不甘心……

——那好吧，现在你似乎有两个选项：一个是留在主城成为一名代课教师，可能会承受身份的压力；去往郊区签约学校，可能会承受地域的压力。哪一个你更能hold住？

——呃……我都怕。

当事人往往不是缺乏选项，而是缺乏为这个"选项"去冒险的勇气。

奋进　向上

做一些艰难的事情时你会不会给自己设置一个时间期限、一个冒险次数，这就是你妥协、认命的底线。比如排名冲刺、成绩刷分、游戏过关等，你是否设定过类似的底线？

我这次至少进入全班前十！

数学考试达到120分是我的及格线，130分以上是我的目标！

我今天要拿下"摩登世界（植物大战僵尸2）"的

81 颗星!

达到底线前是拼命，之后是认命。这种问心无愧的努力，这种不留遗憾的折腾，就是带着"奋进和向上"的精神朝向未知去冒险。

——为什么现在的人都这么冷漠？我为班上做了那么多的事情，连一句感谢的话都没有！（😣）

——你当初决定应聘班长的时候，有预想过这些困难吗？

——嗯，想过，但也只是想想，现在真的遇到了，还是觉得很难接受。

——如果让你重新选一次你还愿意去竞选吗？

——我想我会的！（🙂）

——为什么？

——因为那是我心甘情愿的，我就是这种爱管闲事、爱出头做事的人。我今天哭完了，回去还是会继续做事！

——多年以后，你这个"参与者"跟那些"旁观者"会有哪些不同？

——我想……我的收获比他们多得多吧，现在吃这些苦也是值得的。

曾经看过一位中学生的作文节选，文字非常优美，语意也尤为贴切：

我们也曾有过奥德修斯的恐惧，望着无边的大海，思考学习到底是为了什么。我们也曾听到过塞壬的歌声，可是双手却紧紧抓住船桨，克制住自己心中的欲望，一桨一桨向前进步。这样无穷无尽的旅途，枯燥，但我们却拥有着信念。就像西西弗斯推石上山一样，永远都是开始。

在成长的道路上，我们何尝不是在一次又一次的曲折中前行呢？

〉〉〉**生涯教育**

生涯之学即应变之学。老妈选择从生涯教育的角度跟你谈成长、聊未来，根本上是想帮助你能够靠着自己的能力去认识自己、去寻找适合自己的东西、去作合理的决策，从而能主动地适应你当下以及将来所面临的环境。因此，不是老妈给你那些答案，而是陪伴你踏上这条未来之路。

当然，任何教育背后都蕴藏着深厚的道理，我们都是站在智者的肩膀上看世界。研究者凝炼出不同的生涯理论，给我们提供了不同的科学视角来分析生涯问题："特质因素论"主要从生涯匹配的角度思考问题，从概率上来讲，它可以提供需要迅速作选择的"参考"，它给了我们一个绝对理想化的职业描述——美好的职业应该是完全的人职匹配；"生涯发展论"认为时间和任务管理非常重要，且"平衡"是生涯成熟的表现；"生涯适应论"则强调调整自己的能力和期待之间的关系；"生涯决策论"告诉我们如何合理应对计划内和计划外的各种事件；"后现代的行动流派"侧重于个体的自控力，它包括目标的科学化和行动的可实现性。理论让你看起来有一些晦涩难懂吧，感兴趣的话还可以深入地去研究。

接下来老妈会通过一个案例，帮助你了解"生涯教育是如何在解决问题中发挥作用的"。

> 我在市内一所中学国际班，念高一。第一学期过后，我在学校没有朋友，上学期数学考了 0 分，因为我突然不想做那卷子，我憎恨数学。英语和语文也只是刚刚达到班级的平均水平。大半个假期我都窝在家里玩游戏，我不知道还能做什么。爸妈打算让我休学，先带我出去放松一下，再帮我请个又会漫画又会体育的家教。

这个"我"像不像你身边的某个同学、朋友？当你的朋友遇到这种情况，你可以怎么帮助他？当时，这个中学生的父亲找到我，老妈以"生涯咨询师"的身份接了这个单子，我是这样分析的：

（1）国际班——是他自己选的吗？（从"生涯匹配"的角度看，如果孩子是被迫选择这个学校，与个人期待不匹配，我们得看看是引导他接纳还是引导他重选，或是建议他休学一年作调整。）

（2）他在学校没有朋友，具体地说，人际关系是什么样的？（从"生涯平衡"的角度看，如果孩子存在角色的不

哈！

平衡，可能是同学关系引起的，可能是性格使然，可能是亲子关系冲突所致，这些问题会间接地影响他今天的学习。还要关注孩子的社会功能有没有受损，会不会存在心理问题。）

（3）出现目前的状况，外因是什么？内因是什么？孩子自己怎么看？（从"生涯适应"的角度分析内因和外因，看他对自己是否有错误的期待，例如他可能觉得人都不值得相信。）

（4）如果父母告诉他，我们不上学，我们先玩儿一年，他会是什么态度？（从"生涯决策"的角度看看孩子是否清楚自己所处的状况，目前的困境他有没有努力改变？他是力不从心，还是就要享受自由？他有没有明白自己必须为此承担责任？他是否在逃避面对焦虑，逐渐让自己沉沦，跟周围的人和事都渐渐远离？）

（5）以前有没有成功塑造过什么样的好习惯？孩子的成就故事有哪些？你们的沟通模式是什么样的？家长提到的漫画和体育，孩子是有这些天分吗？（从"生涯社会认知"的角度，看看孩子在学习的过程中，有没有过往的成就经验。如果找不到替代经验，也就是说他本身的自我效能感极低，这个时候我们家长可以思考如何去唤醒他、鼓励他？）

（6）距离寒假还有半个月，从现实来看，国际班压力大，有一些怎么努力也上不去的课程，就先放下吧，我们一起想想怎样才能够更好地改变自己。（从"后现代主义"行动流派的角度看，孩子的行动和目标是否不够合理，我们如何帮他去科学地制订目标，并且有效地激励他去行动。）

由此可见，生涯教育提供给我们更多的是处理问题的思路。就像看病走进诊所，医生会根据你的症状提出各种假设和预案，然后再通过检测一一验证。医生的经验越丰富，对病人病情的预设就越准确。

〉〉〉生涯发展能力

前面说到，生涯教育的根本意义在于促进人的生涯发展能力的提高。这个生涯发展能力，具体来说就是：

生涯认知。具体而言就是说你得活明白点，知道自己是什么样的人、具备什么能力和优势、你最看重的事情是什么、你对哪些东西感兴趣。缺乏自我认知的人，容易产生生涯困惑。

角色平衡。每个人活着都要承担各种角色：子女、学生、公民、休闲者、工作者、持家者等。在不同的环境里，当你知道你是谁，明确了自我概念，很多问题都会迎刃而解。

理性决策。即能了解自己及自己拥有的那些机会，具备获取与机会有关的信息的能力、有较为丰富的决策方法和经验，没有完美情结、负面思维、创伤经历等不合理信念干扰或者能合理应对这些负向干扰。

环境适应。即提高自我和适应环境的能力，无论环境怎样变化你依然能从容地活着。

自我管理。即能够让目标和行动一致，从而加强自我塑造的能力。

而现实是，父母的生涯教育能力和青少年本人的生涯发展能力都略显不足。在此，我们不妨大胆剖开来看看：

有时，我们都缺乏对你当下这个阶段发展需求的了解。你心中所思所想所求到底是什么？你应该得到怎样的支持？哪些应该坚持，哪些又应该放弃？我们常常无从得知。

有时，你对目前已获得的掌控力自觉不足。我们有时会不由自主地剥夺你作决策的权利和机会，你常常会在自我了解、自我调节、与他人相处等方面陷入迷茫。

你似乎觉得未来还很远，你还没有想清楚未来对你意味着什么。没有长远目标的指引，一旦当下某个小目标无法达成时，你会陷入对自我的否定，转而依赖我们的监督和帮助，这无疑进入了一个不良循环。

我们现在专注的生涯发展目标过于单一。我们把大量精力花费在应试或某一特长发展上，老妈其实相信你的生涯发展还存在很多种可能性，却难以以开放的心态去适应复杂的生涯环境。

我自省对你的心灵成长关注还不够。你偶尔对既定规则、传统观念、流行见解提出大胆质疑，这一点让我欣慰。但是我也感觉到了你在现实面前的退缩和胆怯，我常常思考该如何推你一把。

老妈是你在身体、智力、情感和社会意识发展阶段最有影响力的角色之一，你我共同面对困难是解决你自身困惑、获得良好发展的途径之一。虽然我们之间存在太多的不同、太多的分歧，但我希望你成长为自己最满意的样子，我要做你最坚强的后盾。

第二篇

你的宝藏

思维导图

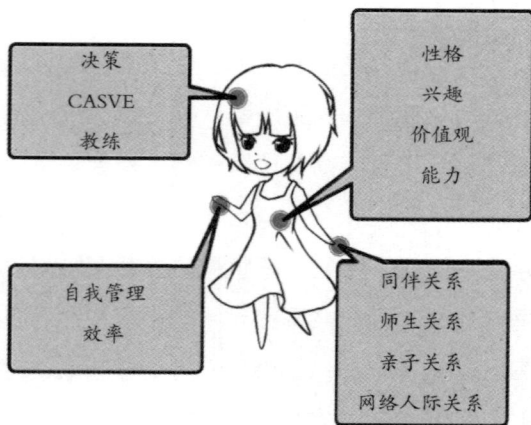

| 决策
CASVE
教练 | | 性格
兴趣
价值观
能力 |
| 自我管理
效率 | | 同伴关系
师生关系
亲子关系
网络人际关系 |

I 独一无二的你就是最好的你

孩子，你不比别人差，你只是跟他们不一样，就像"这个世界上并没有完全相同的两片树叶"，你做自己就好！但是你得知道你是谁，你想要成为什么样的人。

——作者

孩子，你是谁？

当你上幼儿园的时候，你觉得你是一个什么样的孩子？

在你上小学的时候，你认为你最突出的特点是什么？

在你上初中的时候，你希望在哪些方面有突出表现？

高中的时候，你是如何看待自己的？

大学的时候，你会如何总结自己？

未来，你想成为什么样的人？

关键词：性格

性格没有好坏之分

接下来的故事是关于一对闺蜜的，她们是 A 和 B，与你同龄。

A 和 B 在小学就是好朋友，两人的父母在同一个单位工作，平时交往也比较多。A 年纪稍微大一些，活泼大气、懂事独立；B 稚嫩一些，开朗灵动、善良细心。小学生活压力不大，两个女孩快乐自信地度过六年，升入各自满意的中学。

一年的中学寄宿生活过后，两人的友谊不变但各自的发展轨迹慢慢出现不一样的端倪。A 的父母要求相对比较严格，A 的空闲时间较少，但琴棋书画样样通，学业保持班级前列。往近了说，初二升入火箭班成为 A 的目标；往远了说，长大了做一名外交官是她的职业目标（向往职业）。B 的家庭教育氛围保持一贯的宽松，初一这一年她写网络小说，尝试了乐队，结交了很多新朋友，成绩保持中上水平，对于未来的目标她还不确定。

我们通过一段对话进一步了解她们：

——啊！我好累！我元气大伤了……（A ☺）

——呵呵！（B ☺♪）

——这次放中考假，我妈妈只让我每天休息一个小时。（A ☹）

——为什么？（B ☺）

——因为要期末考试了呀。（A ☹）

——我一点儿都不紧张耶。（B ☺）

——你知道为什么一开始巴黎人不喜欢埃菲尔铁塔吗？（A ☺☺）

——不知道，为什么？（B 😳）

——因为他们觉得它很丑陋，就一堆铁在那里。后来在"一战"的时候它作出贡献，又带来旅游价值，巴黎人才接受它。（未来的外交官 A 显然做了功课）

——哦。（B 😳）

——你要多读书！（A 🙂）

——嘿嘿！哦！你晓得不，这次欧洲研学里面，有两场化装舞会！（B 😆）

——就是！就是！我好期待！（画风突转，话题转向。）

A 和 B 这两个可爱的初中生，谁的性格更好？谁更有发展潜力？谁的未来格局更大？ A 专注聚焦但是会比较辛苦，B 闲散自由但是可塑性强。一切似乎很难下定论，因为"性格本身就没有好坏之分"。

〉〉〉性　格

性格，英文单词是nature，原意是自然属性、秉性、本性。我们跟自己打交道，常常会跟它交手。俗话说"江山易改，本性难移"，指的就是"性格"，它是一个人骨子里的东西，是摘掉面具之后的你的样子。

从心理学的角度看，性格是人对现实的稳定态度和习惯化行为方式的总和，表现为个体独特的心理特征。这种对"现实的稳定态度"，是不因时间、环境、对象的变化而变化的；而"习惯化的行为方式"，也一定不是别扭的、僵硬的、迁就的、尴尬的，而是不假思索的、自然的、纯粹的，从内心冒出来的第一念头和反应。

没有他人的管束，你最自在、最放松时是什么状态？

在一个让你很有安全感、很信任的人面前，你是不是会跟平常紧绷的时候不一样？

在学校的你跟在家里的你是不是也不一样？你更喜欢哪一个自己？

老妈也时常地观察你，看你在不同场合下不同的样子。

你觉得哪个是最真实的你？哪一个是戴上了面具的你？有的人在家沉默不语、安静祥和，出门伶牙俐齿、能言善辩；有的人平时谦谦有礼、文质彬彬，放假一出去各种撒泼打滚、排山倒海。

你还会发现，在保持本性的同时，我们有时候也会带上"面具"。这个"面具"其实是另一个概念——人格。有一个公式可以帮助我们了解"性格"与"人格"的关系：

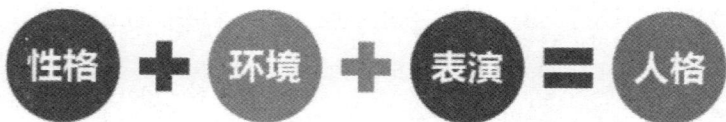

性格 ＋ 环境 ＋ 表演 ＝ 人格

人格，英文单词是 personality，词根 persona 在希腊语里就是"面具"的意思。这个世界上完全按照性格活着的人只存在于幼年时期，懵懂而无羁绊。你应该也能感觉到，随着年龄的增长，你不可能完全随性而为，因为各种欲望、责任与义务开始增加，是担当还是逃避、是选择还是放弃，你会开始权衡、选择趋利避害。

　　周末你正在投入地追剧，老妈突然提醒你，今天奶奶过生日你还没有打电话。这个时候人格和性格各自的端倪就出来了："人家看得正起劲，好好的，非要现在打电话，看完了再打不行呀？"就这么一边嘟囔一边拿起手边的电话。电话通了："喂，奶奶！奶奶！你在干嘛？你刚跳舞回来呀？今天你过生日吃好吃的没有？爷爷好不好啊？你们要保重身体呀！"前后不到一分钟的时间，仿佛换了一个人。

　　然后放下电话，继续追剧。

不同的环境对你有不同的期待，你会作出适度的调整和妥协，用你的表演能力去尽量满足环境的期待，这就构成了你的人格。因此性格没有好坏，但是人格就有优劣之分了，这个优劣体现在"表演能力"上。就像刚才那个打给奶奶的祝福电话，你虽然本性上想自在地追剧，但是对长辈权威的服从或者尽孝道的责任驱使，让你暂时放下了自己的需求，从而满足了妈妈和奶奶的期待，这令你自己也感觉舒服。

　　你或许会疑惑，处于青春期的你，是应该多了解自己的本性，还是去关注那些"面具"，去提高自己的"表演能力"呢？老妈认为，当然是从先学会探索真实的自我开始。因为在这个阶段，你的社会角色相对较少，更利于看清楚那个最自然、最放松状态下的、不假思索的、最本真的自己。

未来进入社会，走进职场，企业关注的是你的"人格"，就是看你在工作的这8小时里能不能表现出公司期待的样子。如果你的职业跟你的性格相匹配，你在工作中表演的成分就少一些，就会很自然、省力，你的工作都是在做有用功，工作效率自然会提高；相反，如果职业与你的性格不匹配，工作起来就费劲、费心思，你的无用功自然就会多一些，工作效率会持续下降。你能感觉到老妈的工作状态吗？我显得快乐而满足，又充满激情，正是因为老妈做着一份很适合自己、又令自己喜爱的工作！

而且，在一些应急状态下，我们的面具会显得苍白，本能就会出来。本能反应就会促使你作出重大选择和决策，而命运不就是由一个又一个重大决策构成的吗？因此性格在一定程度上决定了你的命运。让我们摘掉人格的面具和环境的影响，洗尽铅华之后，看看你是谁？

〉〉〉MBTI 性格测试

最常用的性格测试是基于瑞士心理学家荣格的研究而提出的——MBTI 性格测试。当你阅读下面这段文字的时候，你可以最大程度地放松自己，用你不由自主的、自然的决定或倾向来作判断。

MBTI 第一维度：外向—内向

家里来了客人，他们都在客厅聊天，你是人来疯还是人来躲？（去掉家长的威严、来客的身份，不用礼数和礼貌，在最自然、最舒服的状态下，你属于哪个？）

老师来寝室巡查，不用讨好他们，你会怎么做？（摘掉面具，去掉环境，降低表演，哪样让你更舒服？）

在课堂上，你是活跃的、开放的、喜欢表达的，还是安静的、独立的、沉默思考的？（去掉他人的期待和目光，不论心情好或者不好，就是你最舒服的状态，你更多是前者还是后者？）

合理看待：当然，人置身于社会，必然会身不由己。非常外向的人，在权威人士面前，在隆重、严肃的场合，也会表现得服从；非常内向的人，一旦进入工作场合，该上台发言、该表达意见，他也得充分准备，变得口若悬河、滔滔不绝。关键在于，我们需扪心自问：到底以什么样的方式行事，才是自己最习惯、最自然、最舒适、感觉最轻松的？你更想要的到底是什么？如果给你一个长长的假期，你是选择独处更多，还是选择聚会更多？这样一比较，倾向就出来了。

MBTI 第二维度：感觉—直觉

上课的时候你是会被老师精美的 PPT、动人的音乐所吸引（感觉型），还是习惯去研究老师这堂课为什么要这么构思，设计意图是什么（直觉型）？

在接收作业要求的时候，你是喜欢清晰、规范的指令（感觉型），还是希望指令相对模糊，给你留有自由发挥的空间（直觉型）？

面对美食，你是在享受食物：真好吃啊，还想吃（感觉型）！还是在思考：它是怎么做出来的？原材料是什么？产地可能是哪里？为什么要这么搭配？有没有放添加剂（直觉型）？

当小升初面试的时候，老师让你谈谈小学的学习经历。你是详细说你是如何学习的和你所取得的成绩（感觉型），还是会说你的成长和感受（直觉型）？

在你最本真的状态下，对一件事物，你更多地停留在那个表象还是背后的本质？感觉型的人信赖五官听到、看到、闻到、感觉到、尝到的实实在在、有形有据的事实和信息；直觉型的人注重"第六感觉"，注重"弦外之音"。到现在还没搞明白自己是哪个维度（倾向）的人，大多数是直觉型的，他们更飘忽不定、感觉不实在。

合理看待：在我们的周围，纯粹的感觉型或直觉型都比较少。这两种类型大多会同时存在于一个人身上，人们兼有这两种特质，只是其中一种会更突出一些，这也给了我们每一个人在实践中取长补短的空间。比如直觉型的人就要刻意多关注一些细节，而感觉型的人可多去反思蕴含在事情背后的信息。

MBTI 第三维度：思考—情感

　　因为 123，然后 456，所以结果就是这样了。（思考型）

　　虽然 123，可能 456，所以纠结……然后牺牲、放弃、接纳……（情感型）

　　没有给我满意的工作结果，不管是谁，全部从头开始！（思考型）

　　我这样做会不会让她不开心？会不会伤害到她？工作嘛，总是没有绝对的好与坏，我们的感情更重要！（情感型）

这一组维度类似于平常我们说的理性与感性。前者常批评，后者常接纳。这个社会常常会赋予不同性别一些特定期待，比如希望女性更柔和一些、充满同情心，希望男性是冷静、理性客观的。在现实当中，女生也大多偏向情感型，男生大多偏向思考型。

合理看待：这两种类型同样无所谓好坏，重要的是理解别人与自己的不同。大多数时候的决策冲突，其实没有利益上的绝对对立，只是因为你和他们不一样。

MBTI 第四维度：判断—知觉

　　你的事情总是按时完成，决不能打乱你的计划。（判断型）

你不喜欢被安排得太死板，事情不到最后一刻你不会太在意。（知觉型）

你总是早早写完作业并把作业锁到抽屉里，然后去同学面前嘚瑟？（判断型）

你的暑假作业是如何完成的？如果没有家长的威逼利诱，你放假前一天还在玩？（知觉型）

合理看待：大多数人在这个维度上同样是两种类型都可能存在，只是更偏向某一端。你只有了解自己的倾向，才能有意识地根据内心的感受识别自我的偏好，从而发挥优势，同时要学会适当约束某个维度存在的弱点。比如，过于注重规则的人容易陷入焦虑，要不断修炼自我调整的能力；而过于放松的人则要不断提醒自己任务还没有完成，避免造成拖延。

可见，性格没有好坏之分，只是看你如何驾驭它。

关键词：兴趣

如何选择做自己喜欢的事？

你可能更容易清楚地知道自己感官上的一些兴趣，比如喜欢什么食物、对某种很刺激的运动上瘾、喜欢美的东西。你可能也会主动地参与一些自己愿意投入时间和精力的事情，比如听歌、弹琴、阅读，甚至愿意去研究这首歌的年代、背景和意义，去写一些影评、书评。其实有一些自己感兴趣的东西，是可以跟你的志向联系在一起的，比如专注于写作，或者致力于成为家庭教育领域的助人者。

任何想在兴趣中找到职业方向的人，必定会经历这样的三个步骤：

（1）来自感官上的满足体验足够丰富，并获得源源不断的动力。例如，你当初在网上看了几段尤克里里的弹奏视频，就喜欢上了这种乐器。

（2）通过一些自觉、自发的方式让"满足感"持续下去，激发主动学习的模式，开始主动获取自己感兴趣的领域的知识和经验。例如，你开始购买乐器、相关教材，启动自学模式，常常一弹就是一两个小时。

（3）给自己找一个长期且稳定的方式，即职业，把自己的兴趣和志向紧密联系起来。例如，你打算和同学组建一个自己的乐队，未来拥有自己的音乐工作室。

当下的你处于打基础的阶段，更是张扬个性的时期。传统的教育要求"做德智体美劳全面发展的好学生"，但人的精力是有限的，做到"全面发展"谈何容易？你当然可以博闻强识、广泛涉猎，但是更应该尽早发现并聚焦于自己感兴趣的方面，随着不断成长，总有一天会找到自己

的志趣所在。

　　学习方面亦是如此。在全面平衡的基础上，你也应该有自己的优势科目。有的人擅长推理和计算，逻辑思维能力强，数学类科目是强项；有的人思维活跃，对语言表达比较敏感，喜欢通过广泛涉猎各领域的课外读物或与各类人群交流等方式获得新知；有的人喜欢艺术或传媒，或者有体育、绘画、乐器、舞蹈等特长，勇敢而个性的艺术追求令其向往。

　　如何探索自己的兴趣与未来职业之间的关系？我们可以使用一些非正式的方式。以"北京·北森生涯学院"开发的"霍兰德兴趣—社团有约"为例。很多学校都开设了一些有意思的社团活动，社团是未来职业的预言家，你今天的社团角色可能就是你未来的样子。按照霍兰德职业兴趣的分类，可以把有代表性的中学生社团进行相应的区分：

R：DIY 工作坊——社员坦诚直率、不喜多言、擅长手工、喜欢 DIY、自己组装零件、喜欢独立完成事情。如园艺、编织、模型制作等。

I：探索发明——社员善于观察研究、推理分析、独立自主性强，重视论据、严谨、从探索中获得快乐，喜欢观察、探讨专业问题。如天文、科学、哲学等。

A：巴黎艺术区——社员追求美感、直觉敏锐、独立随性、有艺术气质，喜欢音乐、舞蹈、美术、文学，有想象力、喜欢自由的生活。如美工、绘画、摄影、热舞社等。

E：领袖天地——社员个性外向、精力旺盛、有进取心、乐于冒险、积极、有组织能力、说服力，喜欢负责规划、希望受人肯定。如辩论、领导力提升等。

S：爱心家族——社员关心社会、待人和善、温暖、容易相处、热心公益、教育等助人工作，喜欢和他人分享。如志愿者、支教等。

C：研习社——社员谨慎、求精准、不求表现、做事稳扎稳打、不喜欢太多的改变和冒险，善于处理琐事、做事井然有序。如物品归档整理、社团文员等。

你可以在以上六类社团中选择三个感兴趣的目标社团，把最想去的排在第一位，依次写下来：1. _____ 2. _____ 3. _____。这就是你的职业兴趣代码（有先后顺序）。我们对这六个代码一一解读，会发现兴趣与未来职业的微妙关系，你可以根据每个字母去寻找相应的职业兴趣和职业建议。

现实型（R）

类型	现实型 R（Realistic）
喜欢的活动	用手、工具、机器制造或修理东西。愿意从事实物性的工作、体力活动，喜欢户外活动或操作机器，而不喜欢在办公室工作
重视	具体实际的事物，诚实，有常识
职业环境要求	使用手工或机械技能对物体、工具、机器、动物等进行操作，与"事物"工作的能力比，与"人"打交道的能力更为重要
典型职业	园艺师、木匠、汽车修理工、工程师、军官、外科医生、足球教练员

研究型（I）

类型	研究型 I（Investigative）
喜欢的活动	喜欢探索和理解事物，学习研究那些需要分析、思考的抽象问题，喜欢阅读和讨论有关科学性的论题，喜欢独立工作，对未知问题的挑战充满兴趣
重视	知识，学习，成就，独立
职业环境要求	分析研究问题、运用复杂和抽象的思考创造性地解决问题的能力，谨慎缜密，能运用智慧独立地工作，一定的写作能力
典型职业	实验室工作人员、生物学家、化学家、心理学家、工程设计师、大学教授

艺术型（A）

类型	艺术型 A（Artistic）
喜欢的活动	喜欢自我表达，喜欢文学、音乐、艺术和表演等具有创造性、变化性的工作，重视作品的原创性和创意
重视	有创意的想法，自我表达，自由，美
职业环境要求	创造力，对情感的表现能力，以非传统的方式来表现自己；相当自由、开放
典型职业	作家、编辑、音乐家、摄影师、厨师、漫画家、导演、室内装潢设计师

企业型（E）

类型	企业型 E（Enterprising）
喜欢的活动	喜欢领导和支配别人，通过领导、劝说他人或推销自己的观念、产品而达到个人或组织的目标，希望成就一番事业
重视	经济和社会地位上的成功，忠诚，冒险精神，责任
职业环境要求	说服他人或支配他人的能力，敢于承担风险，目标导向
典型职业	律师、政治运动领袖、营销商、市场部经理、电视制片人、保险代理

社会型（S）

类型	社会型 S（Social）
喜欢的活动	喜欢与人合作，热情关心他人的幸福，愿意帮助别人成长或解决困难、为他人提供服务
重视	服务社会与他人，公正，理解，平等，理想
职业环境要求	人际交往能力，教导、医治、帮助他人等方面的技能，对他人表现出精神上的关爱，愿意担负社会责任
典型职业	教师、社会工作者、牧师、心理咨询师、护士

常规型（C）

类型	常规型 C（Conventional）
喜欢的活动	喜欢固定的、有秩序的工作或活动，希望确切地知道工作的要求和标准，愿意在一个大的机构中处于从属地位，对文字、数据和事物进行细致有序的系统处理以达到特定的标准
重视	准确、有条理、节俭、盈利
职业环境要求	文书技巧，组织能力，听取并遵从指示的能力，能够按时完成工作并达到严格的标准，有组织有计划
典型职业	文字编辑、会计师、银行家、簿记员、办事员、税务员和计算机操作员

当然，作兴趣测评和探索，不是为了筛选或贴标签，而是为了增加你未来选择的可能性。设想一下，未来的工作就是一直做着你感兴趣的事情，是多么的幸福呀！你的积极性、满意度、成就感都会因此而大大提升！

关键词：价值观
你想过什么样的生活？

小雅是一名高二学生，喜欢生物和化学，梦想当一名研制药品的工程师，能研制出很多药品，治病救人。小雅的父母却认为女孩子大学期间读一门师范类专业，以后当一名中学老师，工作稳定轻松，收入高。小雅和父母因为此事常常争辩，谁也说服不了谁。

小雅的期待与父母的期待不一，这是一个典型的代际价值观冲突。对于小雅而言，她至少清楚自己想要的是什么，她迈出了争取自己所得所需的第一步。我们身边很多跟其同龄的孩子并不清楚自己想要的是什么，而轻易地把自己的未来甚至人生拱手相让。

那么你可否想过，未来你想过什么样的生活？换句话说，在未来你可以完全做主的生活里，你最看重什么？

人际关系／归属感、团队合作，物质保障／高收入，稳定，安全，创造性，多样性和变化性、新鲜感，乐趣，自由独立（时间，工作任务），被认可，受尊重，能帮助他人，能发挥自己的才能，成就感，成功，名誉，地位，自主独立，有学习／发展／成长的机会，权力（领导／影响他人），有益于社会，挑战性，冒险性，竞争，符合自己的道德观，工作环境、工作与生活平衡，家庭，朋友，亲密关系，健康，信仰，自由……

以上这些要素，就是价值观的具体表述，就是你"心里的那把尺子"。你不妨：

（1）参照以上内容，挑选出5条对你来说最重要的价值观分别写在5张小纸条的正面。

（2）在反面对你挑选的重要价值观进行描述，即要达到什么样的程度你才能满意。

（3）现在，如果你不得不放弃其中的一条，你会放弃哪一条？

（4）如果你不得不放弃剩下四条中的一条，你会放弃哪一条？

（5）继续下去，直到剩下最后一条。

思考：

（1）留下的最后一条，是否是你无论如何也不愿放弃的？为什么？

（2）通过这个活动，你对于自己的价值观有什么样的了解？

（3）你的价值观会对你的成长发展产生什么样的影响？

活动反思： 这个体验会让你在一次次权衡之后体验到失去的感觉，从而在接纳与妥协中澄清自己最看重的价值要素。

关键词：能力

你可以胜任吗？

小刘，高二，学习成绩优秀，人缘好。升高二选班长的时候，班主任老师说："你做事踏实，去竞选班长吧。"同学们也很支持她，最后，她如众人期待的那样，竞选成功并当上了班长。但是在实际工作中，她感觉许多事情很烦琐，自己有点心有余而力不足。

"你有什么样的能力？""具备什么样的能力才能胜任这份工作？""刘翔为什么能在雅典奥运会上夺冠？""赵丽颖又凭什么在《楚乔传》里创下收视奇迹？"能力是我们经常探讨的问题。环顾你身边的同学、朋友，你会发现：

一些早早在写作上崭露头角的，最近开始在"书旗"上连载小说了；

一些极具运动天赋的，对于篮球、足球、乒乓球等，轻松驾驭；

一些天生就是学霸的，对于攻克复杂命题乐此不疲；

还有一些对自然界的认知特别敏感的，对于天文地理、动物植物，是无所不知、无所不晓；

有一些学生是天生的领导者，为周围的人所信任和依赖，具有突出的管理才能。

如何探究自己的能力呢？梳理"成就故事"是一种很好的办法。（注：**"成就故事"**指带来快乐、自豪等正向情绪的事例，不仅仅是工作和学习上的，还有课外活动和生活中的事例）

在叙述"成就故事"的时候具体包括以下四个方面：

①事件中需要实现的目标；

②事件所面临的困难；

③事件完成的具体步骤；

④事件的结果描述。

通过回想自己的成就故事（越多越好），来分析你所具备的能力。

老妈给你看几个青少年的成就故事：

小罗同学——某师范大学大三学生，临时被选拔赴杭州参加第四届全国师范生技能大赛，时间紧、任务重、对很多教学内容不熟悉。两个月中，他反复研读人教版、仁爱版、重大版中学各年级英语教材，自行整理两本教材分析笔记，撰写教案手稿500余份，每周与教学法老师探讨不同课型的教学方法，并通过慢跑等运动方式给自己减压，最终获得了全国二等奖的好成绩。

①目标：参赛；

②困难：时间紧、任务重、对很多教学内容不熟悉；

③步骤：反复研读教材、整理笔记、撰写教案、探讨教学方法、运动解压；

④结果：国赛二等奖。

将这个成就故事中的有效动词提炼出来，就可以列出满满的能力清单：教材研读能力、笔记整理能力、教案撰写能力、教学探讨能力、压力调节能力，这些都是小罗未来求职的好素材呀！

小张同学——高中文科班学生，学习认真，期望考取名牌大学继续深造。但是高二期中考试数学不及格，意识到数学是个人成绩的最大障碍。于是他在学习期间适当将更多的时间分配到数学学习上，多做练习，及时总结和反思课堂学习内容，积极请教数学老师和同学，不断分析数学内部各章节的联系，作好知识点的归纳，形成自己的数学知识体系。最终他以高考数学141分的佳绩考上了某重点大学。

①目标：考重点大学；

②困难：数学障碍；

③步骤：重新分配时间、多练习、总结和反思、积极请教、知识的分析和归纳总结；

④结果：数学高分，考试成功。

我们可以从小张的成就故事中提炼出哪些能力呢？你不妨从"步骤"这个方面去试试看。

◇自我探索的更多途径◇

前面从自我探索的"性格""兴趣""价值观""能力"四个方面分别作了介绍，现实生活中还有一些小工具可以让你更清晰地了解自己。

"交流大爆炸"——社会实践

老妈曾走访在中学生涯教育居于领先地位的两所中学——浙江杭州第一高级中学和杭州浙大附中，两所中学均要求家长组织高中生利用寒暑假积极参加社会工作岗位锻炼，调研某种职业或者岗位所需要的技能、匹配何种性格以及面临的社会环境等，由此完成岗位调研报告。老妈正在酝酿让你也体验一次这种"交流大爆炸"的社会实践，在此过程中不但可以增强你对外部环境的认知，也能促进你反思和明确自身性格、兴趣、能力以及价值观。

"活动无极限"——兴趣社团

前面提到，兴趣社团是你探索自我的一条很好的途径。在花样百出的兴趣社团中，你将不断尝试和明晰自己的特长爱好，锻炼和提升自己的能力，从而不断清楚什么是自己最感兴趣和最想获得的。

其实老妈也担心你参加兴趣社团会分散精力，影响学习。但是经过考虑，为了防止你玩心过大造成本末倒置的情况，设计出一条"明确任务和等价交换"的途径。主要是希望你能明确当下阶段自己的主要任务是什么，同时又通过"等价交换"的方式来促进你的生涯发展。比如：当你告诉我，想去参加一次校外的乐队爱好者聚会。我会在支持你兴趣发展的同时——引导出当下核心任务（譬如学业）——"等价交换"——共定任务——核心任务与兴趣齐发展的模式，推动你的生涯发展。

"牛人近接触"——榜样访谈

生涯人物访谈、与你身边的榜样对话、了解优秀校友成长路等，可以让你近距离接触自我成长的榜样。例如，你在与自己佩服的一名优秀学长进行对话的过程中，可以感受榜样在你这个阶段如何进行生涯发展的自我探索，是如何认清自己与外部环境、制订适合自己的方向、如何排除困难勇于行动的，最终是如何实现自我成长和自我实现的。这一历程可以为你当下的自我探索提供方式和方法，同时也会产生"他山之石，可以攻玉"的效果。

"自我练习"——换框

换框是指帮助和引导你跳出原来的思维，从而更系统、更全面、更积极地看待发生的问题。老妈自认为有个很大的特点就是善于换框，总是可以在当下问题中及时、迅速地跳出固有思维，因此你有没有发现老妈其实是一个乐观开朗、积极向上的人？抱着"授人以鱼，不如授人以渔"的态度，我力求从一个更新的、更高的角度陪你一起面对你的问题，最终引导你积极正确地面对生涯发展的问题并科学合理地认识自我。

我学不好英语。　　　　我渴望学好英语。
我和同学处不来。　　　我期待和同学关系和睦。
我总得不到自己想要的。　我对自己想要的东西很执着。
我是个失败者。　　　　我是个勇敢的尝试者。
我做事缺乏勇气。　　　我做事很谨慎。

换  框

"亲子练习"——生涯幻游

生涯幻游是利用专门设计的引导语，结合背景音乐，透过幻游的画面，带领参与者进入想象的空间。幻游之后，鼓励其表达、分享自己的幻游情景，协助其了解自己的期待，并推动下一步的规划和行动。我们可以在家里做这样的生涯幻游，老妈可以来做引导者。

首先选择一个安静的室内环境，用轻音乐辅助放松（老妈推荐音乐：中国台湾"身心灵"作家张德芬老师的冥想引导音乐），然后全身放松、认真地听老妈说……

引导语范例：

现在，就在这个安静的地方坐下来，放松，深呼吸，可以轻轻地闭上双眼。想象自己坐在一列驶向未来的时光列车上，这列列车把你带到了大学毕业的那一刻，你看到了那个时候的你——你在哪里？穿着什么样的衣服？和谁在一起？在做什么？你听到了什么？看到了什么？感受到了什么？说着什么样的话？

那一刻，你对自己感到非常满意，因为学生生涯告一段落，你实现了自己想要的目标。假如可以用图画或者文字来呈现你的这些目标，你的脑海中浮现出了什么画面？

……

好的，现在调整呼吸，坐着这辆时光列车渐渐回到这里，还记得吗？你现在的位置不是在未来，而是在这里。看着你面前的白纸，来描绘一下刚才幻游时你印象最深刻的画面吧，然后跟家人分享这个关于你的未来的故事。

"亲子练习"——生涯彩虹图

著名的职业生涯规划大师萨珀，依照年龄跨度将生涯发展阶段划分为成长、试探、建立、保持和衰退五个阶段，绘制人一生中在不同阶段担任不同角色的生活空间投入情况，这就是彩虹图。人生的角色分成子女、学生、休闲者、公民、工作者、持家者等，他们相互影响并交织出个人独特的生涯类型。

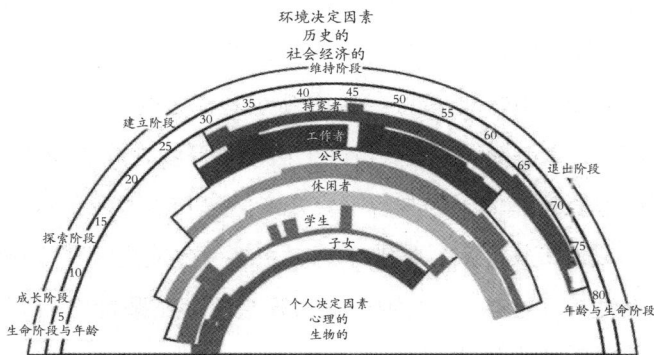

生涯彩虹图（萨珀）

我将与你一起开启一次生涯彩虹图的绘制，看看数字对应的年龄段中有哪些不同？处在彩虹图中的你充当哪些角色？缺少哪些角色？老妈在彩虹图中的位置在哪？老妈充当的角色有哪些？想一想当你到了老妈这个年龄段，你渴望具备哪些角色？

答疑解惑

1. 我今年高二，学习努力，但是成绩一般，性格较为内向，与老师和班上大部分同学关系良好，喜欢和同学们一起打篮球，也乐于参加其他的活动。我主动参加班长竞选，想多为同学们做一点事情，也可以好好锻炼一下自己，我应该作哪些准备？

答：大部分的中学生都会有这样的期待，很想在团队中与他人加强交流，服务他人以更好地融入集体；在团队中锻炼和发挥自己的能力，展现自己的才能，获得内在的满足感；在团队中展现个体，充当各种社会角色，获得认同感……而如何更好地实现这些目标呢？具体来说：

首先，重点梳理"班长"这个目标与自我之间的契合度。你了解班长的具体工作内容吗？知道做班长需要哪些基本能力吗？成为班长之后，你的学习、生活可能发生哪些变化？而你在性格、兴趣、价值观和能力等方面存在哪些与"班长"角色相关的个人特质？

其次，清楚自己的优势——例如：人缘好、合作性强；

也清楚自己的劣势——例如：偏内向、魄力不够。积极思考在成为"班长"后如何能充分发挥性格中的优势，锻炼和发挥个人能力，提高效率，胜任工作，以实现你想要的"为大家服务"的价值。

2. 我现在还小，只要好好学习就行，要了解自己等长大了再说。

答：其实你有没有发现，现在的你也不仅仅是学生的角色，学习并不是你现阶段唯一的任务。例如，你最近和闺蜜有一些误会，这极大地困扰着你，学习和生活都提不起兴趣。你很想把这个问题解决掉，让一切都好起来，自己也可以安心学习。这个问题的解决受到你的择友观、你的问题处理能力、你的个性等诸多因素的影响，所以你躲在某一个角色里是不可能的，是不切实际的。

而且，人在成长过程中，每个阶段都有每个阶段的任务，在哪个环节耽误了、卡住了，势必会影响到下一个环节的进行。身体在继续成长，心理却出现断层。当我们了解了自己每个阶段的任务后，不仅能有的放矢，说不定还能事半功倍。

3. 我觉得我性格内向，不擅长与人打交道，我常常鼓励自己大胆与人交流，可效果不怎么样。请问如何快速改变自己性格中不好的地方？

答：我想首先调整下你的一个用词——改变。你想要"改变"你的性格，而且是"快速改变"，听过一句话吧——"江山易改本性难移"。一个人的性格形成是长期的，性格的改变需要那些已经习惯化的行为方式发生改变，是一个"能量损耗与重建"的过程，总之很难。我建议使用"完善"这个词。你的确是对自己"性格内向"这一点不太满意，我的建议是：

首先，性格没有优劣、好坏，更没有十全十美。性格只是让我们每一个人变得独一无二，让我们各具所长又各具所短，一个萝卜一个坑，不用去羡慕嫉妒恨别人的"坑"，好好爱自己，对自己多一些理解、少一丝对抗。

其次，"内向"的人不擅长与人交际，但是心思缜密、严谨务实，你大可以多关注你擅长的方面，这会让你更有自信。

最后，如果环境需要我们作出一些调整，你可以在力所能及的情况下进行完善。现在的你已经迈出了第一步，虽然效果不明显，也表现出你积极适应外部要求的心态。其实能不能变得大胆不重要，提高应对变化的能力才是最可贵的。

4. 我培养了很多特长，如钢琴、跆拳道、吉他、舞蹈，进入中学后我的时间就越来越紧张了，这些特长还需要坚持吗？这些东西未来对我有用吗？

答：如果这些东西真的是你很感兴趣的，说明你是一个爱好广泛的人。当你真正用心融入当中去学你热爱的东西，结果只是一个方面，更重要的是你通过那个过程去发现新的自己。你会逐渐养成一种"不抛弃、不辜负"的心态，你的毅力在逐渐增加，你甚至可能从中发现自己的优势，这些对于未来的你都是非常有价值的。

II 你的朋友圈

没有交际能力的人，就像陆地上的船，难以到达人生的大海。
                                                    ——佚名

不可否认，每个人从一出生就身处各种关系之中。你为人子女、朋友、同学，将来还会为人父母、同事、合作者。现在的你正处于人际关系中渴求交往、渴求表达、渴求理解的心理发展期。良好的人际关系给你带来安全感、归属感和成就感。

尽管每个人对人际关系的理解不尽相同，获得好的人际关系的途径也因人而异，但良好人际关系的重要性却不言而喻。当处在青春期的你遇到不同层面的具体人际问题时，应如何处理呢？

小肖，某市小康家庭独生子女，父亲经商，母亲就职于三甲医院，天资聪颖的他以优异的成绩考入市重点中学。入学后，他偶然得知自己的分数比班上大部分同学高出许多，因此便产生了一种优越感。在家中，他觉得只要自己成绩好，父母长辈都可以任由他"使唤"；在学校，他觉得自己比其他同学聪明，再加上家境良好，在交往过程中，他总是不自觉地扮演着"领导者"的角色，连说话的语气都显得盛气凌人。他在不经意间伤害了别人，进而造成与同学的冲突和矛盾。不仅如此，他甚至连个别科目的老师都不放在眼里。慢慢地，同学们开始孤立他，不愿意与他交往；老师们对他的印象也逐渐变差。在不得人心、被人孤立的状态中，小肖感觉极度苦闷……

造成小肖这种人际危机现象的主要原因是他对人际关系的认知出现偏差，进而导致了人际排斥。小肖过高地评价自己，同时又过低地评价别人，自负心理膨胀。在人际交往中若不会考虑对方的需求和感受，在日常交往中必败无疑。因此，自负或自卑的错误认知都会直接影响青少年的人际交往状况。

像你这样的年纪，主要的人际交往对象是同学、老师、父母。

当然，你其实会花费很多时间在另一个虚拟世界进行人际交往。21世纪是一个信息化时代，网络为人们提供了一个自由发挥和创造的平台，网络交往成为人们喜闻乐见的交往方式。不可否认，今天的你们比以往任何时候都更加依赖网络获得与这个世界的联接；更不可否认，网络对我们的影响是利弊并存的。

接下来给你分享几个故事，从同伴关系、师生关系、亲子关系和网络人际关系四个层面让你感受当下所处人际关系的力量。

关键词：同伴关系

你那个好朋友怎么不找你玩了？

　　小王和小李原本是一对好朋友。平时他们一起出入教室、图书馆、实验室、宿舍、食堂，形影不离可谓情同手足。他们有共同的兴趣爱好、共同的人生目标；他们互相帮助，互相关心，两人的学习成绩都很好。后来，小王被同学们推选为学生会的学习部长，这时小李的心理就失去了平衡。他认为，两人的学习成绩、工作能力等不相上下，各方面表现也差不多，为什么好友小王能当学习部长，还被评为"三好生"，而自己却"一事无成"呢？小李百思不得其解，越想心情越糟糕，心中开始滋生不满和怨恨情绪。从此，两个好友开始疏远，小李还经常无中生有，造谣中伤，使小王受到伤害，两人关系越来越紧张，一对好朋友似乎变成了仇人。

类似的事情可能在你的同伴关系中屡见不鲜。我们常常会看到这样的情况：有人认为自己在某些方面不如别人，比如相貌、家庭背景、成绩、干部经历、人际关系等，于是他对比自己"强"的同学"羡慕嫉妒恨"，也许会在背后设法诋毁那个"强者"。类似"嫉妒""失衡"这样的不良心理状态容易滋生其他的负性事件，例如偷盗、语言暴力、校园欺凌等。

　　如何更好地与同龄人相处是你必须面对的。其实，老妈已经逐渐意识到你在渐渐"远离"我们，你的 QQ 空间不知从哪一天开始将我们屏蔽了；你回到家中，往往把门一关，在自己的屋里倒腾一两个小时；你的柜子上了锁，柜子里面的小盒子也上了锁……那些都是你的"领土"，无论是主观意愿还是客观事实，你都试图从情感、行为和观点上开始与老妈分离。这个时候，你的好朋友、好闺蜜补位而上，你们无话不谈、彼此敞开心扉。从此，同伴关系成为你人际关系的主体，你更加热衷于朋辈交往，对同伴倾注了越来越多的感情。老妈稍有失落，却也倍感欣慰，因为这是你独立的必经之路。

　　对同伴的情感倾注首先表现在你对陪伴的需要。（在这一点上女孩子对同伴的依恋较男孩子更为渴望。女生为免受孤立和排挤，在人际交往中会更加小心谨慎、更细心、更理解他人，男生则倾向于与志同道合的人交往。）当然为了满足自己的陪伴需求，你会下意识地加强对各种关系的处理能力，这无疑是十分有益的。

　　对同伴的情感倾注还表现在你对安全感的需要。好的同伴关系令你感到温暖而安全，好的同伴关系能有效减少甚至化解各种负向情绪。一旦出现一些困惑或危机，你首先会求助于自己信任的同伴，而不再是我们。

　　对同伴的情感倾注也会萌生异性交往的新需求。不同的异性同伴会让你获得新的视角和观点，你会惊喜地发现他们独特而有意思，这样的好奇心应该被我们正确对待并加以尊重。与异性的正常交往往往是双赢的，双方智力上可以互促（逻辑与语言），个性上可以互补（粗放与细腻），情感上可以互偿（理性与感性）。总之，落落大方、得体稳重的异性交往更能促进你完整人格的形成。

在同伴关系中，往往是开朗、热情、真诚、自信，与同伴相处自然大度，与人为善，能够及时给予同伴支持和肯定，又善于倾听，可以开诚布公地和他人交流的人，更受欢迎；而那些阴暗、冷漠、自私、自卑，不尊重别人隐私，又喜欢指使操控他人，缺乏合作性的人，通常会受到排挤。你当然更愿意成为前者吧，因此，在同伴交往中要记住以下几点：

（1）喜欢你自己。因为自信、开朗的人更有魅力。

（2）带着你的笑容上路。因为快乐是可以传染的。

（3）多给他人真诚的赞美。人人都喜欢得到接纳和认可。

（4）不轻易给他人贴标签。任何事物都像硬币一样，具有正反两面，在没有充分了解的情况下，不要轻易地评判他人。

> 不管是时常见面，还是远隔千里，都要处处尊敬别人。

（5）不要只顾表达自己，还要学会倾听。人人平等，要学会相互尊重。

（6）把握与异性同学交往的尺度。

关键词：师生关系

为什么老师总是要将自己的事情告诉家长？

　　小林，男，初中一年级，脾气特别暴躁易怒。一天，他和同学之间发生了一些矛盾，老师非常生气，趁中午的时间，老师把小林的奶奶找来沟通，小林心生埋怨。下午已经上课五分钟了，他才慢悠悠地走进教室，嘴里还骂骂咧咧的。老师批评他说迟到要喊声报告，听到老师又批评他，他彻底发作了，大吼道："怎么了，我就是要迟到，就是要打人，都怪你，还把我奶奶找来！我自己的事情为什么你总是要告诉家长？"老师又教育了他几句，一激动，他拎起书包拔腿就跑，头也不回地冲出了教室……

　　处于青少年发展阶段的你，必然会接触到教师这个至关重要的角色。"亲其师而信其道"，师生关系和谐，教与学的双方才能达到最佳效果。那么，你有没有想过如何建立良好的师生关系呢？

　　（1）对老师怀有敬畏之心，尊重老师的劳动。你会遇到各种各样的老师，他们或幽默风趣，或严谨博学，或温柔和蔼，或乏味苛刻。但是老师们无疑有一个共同点：把知识毫无保留地教给你们，希望你们成长成才。作为学生，对待老师的最重要的一点是——尊敬老师。简单地说，见到老师礼貌地打招呼，上课认真听讲，把老师留的作业保质保量地完成等。尊重，是师生和谐相处的基本前提，是和谐关系的保障。

（2）正确对待老师的不足或者过失。"闻道有先后，术业有专攻"，老师不是圣人，只是"先学"，不能苛刻地认为，老师应该什么都懂、不能出现任何错误。在对老师的观点有异议时，你当然可以提出自己的意见，只是应该要注意场合适当、时机得当、语气委婉。

小谢的一段真实经历令人深思。初一后的暑假，小谢参加了一个海外游学项目。国际学校的"DISCO之夜"令中国孩子们兴奋不已。但是由于聚会后当地司机返程迷了路，部分游学的学生返回寄宿家庭时已深夜。考虑到安全因素，国内组织方取消了后续相关的夜间活动。小谢给国内的父母发来信息，极为不满、情绪激动，口口声声说组织方擅自取消活动、违反了游学协议，他们要投诉！其父母自知鞭长莫及，稍微安抚了孩子情绪，静观其变。事情进展的片段陆陆续续传来：

> 小谢邀约了更多的人一起向带队老师请愿，并得到其他国家和地区中学生的声援，带队老师同意再向国内组织方申请；
>
> 带队老师答应亲自陪伴意愿强烈的部分孩子参与下一轮"DISCO之夜"，孩子们高兴坏了；
>
> 但是国内组织方坚持取消了所有夜间活动……

一番努力之后，同行的中国学生看到了带队老师的付出，最终理解了老师的立场，接纳了这个结果，使其成了游学之旅中增进师生情感的小插曲。

（3）养成勤学好问，虚心求教的习惯。任何一位老师都希望自己的学生善于思考和发问，发问的过程就是同学和老师的交流过程，有交流才有沟通，有沟通才有成长。

关键词：亲子关系

和父母谈心是"没长大"的表现?

虽然我早就厌倦了父母间无休止的争吵，并希望他们分开，可如今爸爸妈妈真的离婚了，我还是感到很难过、很伤心，心里空空的，像一个没人要的孩子一样！我怀念以前和爸爸妈妈一起散步聊天的场景，我曾经觉得：和父母谈心是"没长大"的表现。

现在看来，我好像错了。

也许很多时候你会觉得和爸妈难以沟通，有些话宁可跟同学讲，也不愿跟老妈讲。无论是生活习惯，还是价值观念，我们之间似乎总有隔阂。但是同在一个屋檐下，亲子关系是你无法逃避的。当我们之间产生摩擦的时候，你会主动尝试去化解吗？老妈在这里提供一些可行的处理技巧：

首先，对爸妈的态度要尽量温和，切忌采取偏激的行为方式。我时常想起我的妈妈，当我小时候冲她发脾气使性子

的时候，其实我和她都很难受，如果当时的我不那么偏激的话也许会减少很多矛盾。我们两代人的成长背景决定了代沟永远不可能缩小到零，但是通过我们的努力可以把它的负面影响降到最低。

其次，要表现出一定的独立能力，让老妈放心。虽然你可以帮爸妈做一些力所能及的事情，但很多时候还是免不了被我们叨叨，总忍不住要在你背后"推一把"：

该去洗澡了！不要磨蹭了！

作业完成了没有？检查了没有？网上提交了没有？

到同学家了吧？怎么也不来一个电话？

这堆衣服哪些没有洗过？

好像不清理一下你的事情，就会乱套了，这怎么不让老妈忧心忡忡？不是老妈不放心，是你的表现没法让我放心。如果你试着去关心我们，主动承担一些家务，谈谈家庭经济，说说你的理想，让我觉得"我们的孩子长大了"，我们自然就不会过多地干涉你的行动。

最后，在保持自己独立性的同时不要忽略与老妈的交流与沟通。不管怎么说，我也是从你这个年龄走过来的，有些问题我们可以静下心来详细地谈。看着你在慢慢长大，慢慢地学着独立，我们也很欣慰。其实我们也希望大家能坐下来，帮你参考参考、出出主意，分享一下爸妈思考问题的角度。不要认为和我们谈心是"没长大"，正因为长大了才会跟我们进行更多有价值的交流。

关键词：网络人际关系

网络世界与你

　　小东，某中学初二男生，最高上网纪录：三天三夜。原是一名温顺朴实的乡村少年，后随经商的父母来到某市。父母忙于工作，生意日渐好转，但小东却怎么也不喜欢所在的新学校，同学们模仿他的方言，也没有人真正跟他做朋友。他觉得没有人会表扬他，只有在网络中才能找到属于自己的空间，体验快乐和胜利的成就感。母亲每天都唠叨同样的话题，逼着他学习。喜欢的事情做不了，不喜欢的事情非得做，他感到深深的厌恶，他把自己安置在一个个虚拟社交平台里。在他的游戏积分快速增加的同时，学习成绩却一落千丈。

　　无论是你的学校生活还是我所在的职场世界，越来越多的沟通依靠社交网站进行。早年是 MSN、QQ、人人网、电子邮件、聊天室，现在有微博、微信、Whatsapp、Messenger，各种论坛、"知乎"、网络游戏等。过去的朋友指的是那些彼此熟悉和了解的人，现在被称为朋友的人甚至都不知道他叫什么名字、长什么样、住在哪个城市。

　　现实人际关系的根基在于"自我告白"，即通过言语和行为向对方展现出一个真实的自我。例如，向同班同学做自我介绍，或者在聚会中向陌生人递上你的名片。网络人际关系的基础则在于"自我呈现"，即呈现出我们想让别人看到的那个自己。我们的姓名、面容，甚至我们的性别都有可能被包装、隐藏，更不用说我们的职业、我们的家庭。

有人很认可通过网络构筑的人际关系，他们通过网络找到了现实中难以发现的志同道合的人，拉进群、建组分区；有人却深受其扰，"谈网色变"，他们认为网络上只是泛泛之交，甚至充斥着谎言。

老妈认为，在网络上认识了一些人并不代表你和他们建立了"人际关系"。"关系"是需要"有来有往"的。那些被你屏蔽或者悄无声息地待在你的"网络通讯录"里的人是没有任何意义的，说不定时间长了，你都忘了这个人为什么存在了。而所谓的"有来有往"就是：

第一，你们在各种社交媒体互动，发信息资料、点赞评论；

第二，你们借由网络，在现实中进一步接触。

目前你对社会的认知程度、对新鲜事物的判断能力还有限，选择网络交往主要是出于寻求自我认同、表达与宣泄情感、寻求高峰体验、满足猎奇心等目的，那么在这样的"有来有往"中，如何合理对待呢？老妈的建议是：

（1）怀抱好的初衷是任何人际关系的起点，包括网络人际。

（2）合理控制网络使用时间，节假日网上冲浪时间每天累积不超过 2 小时，否则会造成习惯性依赖。

（3）网上交往注意个人信息的保密，对陌生人有防范意识。

（4）未成年人不能在线下与陌生人见面，若非要见面得尽量在公共场所，并请求父母或朋友陪同。

（5）正向利用网上的人脉、资源信息。

（6）最重要的是，面对网络的各种诱惑要有自制力。

答疑解惑

1."我和隔壁班那位男生是初中同学，只是普通朋友，并不是恋人，为什么班主任要那样说我呢？""每次回家，我妈只问学习，一开电脑，我妈就开始唠叨个没完，说我只知道玩。真是烦死了！""我一直把 Lucy 当成最好的朋友，没想到她当了纪律委员后这么不够朋友，竟然在晚自习的时候当着全班同学的面叫我别吵，而不说其他人！太过分了！"

答：人与人之间的交往难免出现这样那样的冲突和矛盾，让人感觉不愉快。有一个好的方法可以帮助你解决这些冲突和矛盾——换位思考。具体的做法是：

第一步：如果我是他，我需要的是……

第二步：如果我是他，我不希望的是……

第三步：我原来的做法是……这是否是他期望的方式？

第四步：我可以尝试的，他期望的方式是……

我们来试试看，第一个场景：与班主任"换位思考"。

如果我是班主任，我需要的是：学生们快乐成长，学业有成；

如果我是班主任，我不希望看到的是：学生跟异性同学走得太近，如果发生早恋影响了学习……

我原来的做法是：抵触、反感、拒绝沟通，这显然不是班主任期待的方式；

我可以尝试的，班主任期望的方式是：学生可以自觉处理与异性同学的合理交往，主动跟班主任沟通，打消老师的疑虑，专心学习，用效果证明自己的自我管理能力。

这样换位思考的确可以心平气和下来，理性地处理矛盾，是一件双赢的事情！

　　另外两种处境也不妨这样去思考，从对方的角度出发，设身处地地感受对方的感受，也许你的心情就会豁然开朗，这是人际交往的关键所在。

　　2. 进入大学后，复杂的人际圈让我感受到自己适应环境的能力太弱，我觉得自己依然没能好好理解"人际交往"的含义。"随性而为"一直是我与人打交道的固有方式，没有任何技巧而言。而这样"零技巧"的交际方式，已经让我深深感觉到来自外界的"伤害"。想到未来更加严峻的职场环境，我很犹豫，"我该不该为他人改变？"

答：在你的身上，我们看到的是来自内在自我与外在期待的冲突。你的情绪中充满了自责和困惑，自责自己不恰当的人际交往方式伤己伤人，困惑在于不知该从何处下手改变现状。进入大学，你来到了一个更高的平台，势必也会被给予更高的期待，由此遭遇更多的困难。

关键的一点是你已经意识到了人际关系的重要性，你自己觉得需要调整，你甚至已经开始朝向未来思考，你希望自己在未来"未"来之前作好准备，这是非常积极的信号！我的建议是，首先弄清楚以下两点：

第一，你想要坚持的自我是什么？你足够了解自己吗？你是一个什么样的人？你对自己的期待是什么？如果我们内心足够清楚自己想要的东西是什么，如何适应环境的主动权就握在了自己的手上。（这是本书第二篇提到的内容，你不妨参考一下）

第二，发现你的交往方式中积极的部分。在我看来，你的"随性而为"、你的"零技巧"倒是令我喜爱，因为它说明你真诚、值得信赖。

因此，是否改变、改变什么，其实没那么重要，关键是"可以从中得到多少成长"。

Ⅲ你如何为自己做主

一屋不扫何以扫天下，从管理好自己开始出发，全世界都会为你点赞。
　　　　　　　　　　　　　　　　　　　　——作者

　　如何为自己做主，就是如何成为一个高效的自我管理者。简单地说，就是管理好自己。

　　老妈有时会念叨：

　　　　"天气变凉了，你还穿短裤？"

　　　　"周末又是一大堆衣服背回来，有一些外衣也是可以自己洗的呀！"

　　　　"能不能自己预习、复习呢？我们小时候都是这样过来的，那些额外的辅导班又费时又费钱啊！"

　　　　"一玩起游戏就收不到心了，根本不敢给你换电脑。"

　　　　"外面社会太乱了，你小小年纪怎么放心让你一个人出去哟。还说要跟同学约着旅行，不行！不行！"

　　老师们有时候会说：

　　　　"这个学生天资不错，就是老走神，话有点儿多，静不下心来。"

"寝室是万恶之源，尽量不要让中学生住校，他们
还管不好自己。"

"学生太让人头疼，成绩好的太好强，成绩不好的
又调皮捣蛋，没几个让人省心的。"

"现在的学生自制力太差，都是家长惯的。"

你有时候会说：

"我也想啥都好呀，但不知道该怎么努力。我上课
的时候听着听着就想其他的了，乐队呀，偶像呀，游戏
呀。"

"我妈从小就不让我做这做那，现在又看不惯我，
怪我咯？！"

"我还小，那些事情我自然做得没有大人好。"

自我管理涉及时间管理、精力管理、目标管理、任务管
理。我们常羡慕那些玩儿得好又学得好的人，他们成绩不落
下，又能尽情享受课余生活的乐趣。正所谓"自律即自由"，
自我管理能力强的人能保证在平衡中进步，自在快乐。

关键词：自我管理

给"虹"的新年礼物

2017 年元旦之际，老妈在给一位学生的信中提到了"如
何进行时间管理和任务管理"的问题，征得她的同意后，在

这里跟你作一个分享。

虹：

你好！见字如面，很开心能和你一起迎接 2017 年的到来！我暂且把这封信作为一份新年礼物赠予你，愿彼此更好！

关于你上次来信提及的"时间管理"一事，我自认为做得不错，在时间面前我总是力争成为主导者。一个好的时间管理者，就是用尽可能快的速度完成尽可能多的事情，而这个事情要建立在一个具有长远价值、可以给自己带来满足感和幸福感的基础之上。

首先，我比较会利用那些零散的时间。人一旦忙起来事情就容易失控，但是若用心的话，"失控"之下往往会冒出一些零散的时间。用零散的时间应仁临时、零散的事情，反而会让一切变得有序。因为这样可以大大提高做事的效率，那些只需要用很短的时间、很小的精力就可以完成的事情，反而会让你很有成就感。比如把电脑桌面整理了，顿时神清气爽；比如把直饮水打一桶回家，运动运动换换脑子。

其次，我很重视闲暇的时间。曾经有人说，要了解

一个人就去看他闲暇的时候在干嘛。闲暇的时候去做一些自己喜欢又有意义的事情，是非常好的，也就是"变闲暇为不闲"。好好地利用闲暇的时间，不是说清闲和安逸就不好，而是怎么合理地利用"好"。我比较欣赏把工作和生活分得很开的做法。以前我有个大学同学，她周一到周五就是学霸，邋里邋遢、不修边幅。从周五晚上开始，她就穿上美丽的衣裙、化着雅致的妆容出去交友、远足。当时同学们觉得她有点儿奇怪，现在想来她真是活得有滋有味呀！就像日本谚语里说的，一幅画里"留白"也是一种美。还有一些人会刻意地"不甘悠闲"。这样说也并不是说我们不要休息，只是如果你注定是一个忙碌的人、一个多任务的人，那么相对来说你应该会比别人少很多悠闲的机会，这是一种存在的方式。虹，你会关注到时间管理，那你应该会是一个"多事之人"，你是否已经作好了要承受各方压力，承担各种任务的准备？你是否能够接受"减少你的闲暇时间"这样的一个建议？

你看看人家的孩子——
还看电视！还玩手机！去学习！

我时常想，如果我再年轻十岁、再年轻二十岁该有多好！我总是会觉得时间不够用，因此在当下我会非常合理地、尽可能地去安排好时间！我们每天早上眼睛一睁开就面临时间的选择。我们每天都会遇到很多的事情，我把这些事情来作一个区分，一般来讲，我的方法就是按照重要性和紧迫性的程度，把它分为四个象限：第一个象限是很重要且很紧迫的事情，第二个象限是很重要但不紧迫的事情，第三个象限是不重要且不紧迫的事情，第四个象限是不重要但很紧迫的事情。这种区分方法你也听说过吧，它很常见，但是要正确地区别对待可不容易。

一般人都会把第一象限和第四象限紧迫的事情做了，无论重要与否，先解决紧急的。而我却认为第二象限中"重要但不紧迫的事情"倒是最值得关注的！当别人都放下了这一类事情，而我坚持了下来，我就会是那个当这件事情变得又重要又紧迫的时候脱颖而出的人。

类似的事情很多。比如有人成天吼着要减肥、要健身、要马甲线，无论是为了美还是为了健康，前脚定好锻炼方案后脚就把方案锁进抽屉里的人不少，几千上万元的健身卡只去过几次就快过期了的人也很多。你身边的同学是不是也有跑了几天的步，因为事情多、因为天气、因为心情，半途而废的？他们一点点放下来，不知不觉就停滞不前了，也没觉得有什么不妥，因为不急……身体还好好儿的，没有造成什么困扰。哪些人会急？老年人，他们时刻都感觉到身体在衰退；得了"三高"的人，或者抵抗力下降的，或者刚从医院回来的人急，因为再不锻炼怕是来不及了。

学习是重要但不紧迫的事情，还比如说像老师这样在本职工作之外坚持作生涯教育，看起来非常重要，但好像也不是那么的紧迫。为了自己喜欢的事情去钻研，花心思去安排固定的时间坚持学习，看起来都不是那么紧迫。但是如果在别人容易忽略的时候，你能够用心，那么到了关键的时候，你就会拉开与别人的差距，你可能就会比他们高出那么一点点。也许就是那么一点点，就是你和他的不同，或者说就成了你的优势。

总之，是要善于去关注那些很重要但是看起来不太紧迫的事情，用心地去经营它们，这恰恰就是人与人之间的差距所在。我认为它是"时间管理"的核心。

在此，给虹分享关于时间管理要养成的几个好习惯：

第一，合理归类你的各种物件。因为找东西非常浪费时间，要做好记录做好提醒，不管是书籍资料、衣物、生活用品，还是电子信息与文档。

第二，尽早且快速采取行动。一旦任务锁定，早一点启动，总归是很好的事情。

第三，务必守时。不是掐点儿到达，而是每次都提前十到十五分钟，这是职业要求也是职业礼仪，有百益而无一害。

第四，尽量不纠结。也就是拿得起放得下，面向未来积极处理各项事务。

第五，减少时间的浪费。你要学会去判断，学会去掂量，不要让他人占用了你宝贵的时间，也不可盲目占用别人的时间。

第六，把事情统筹起来做。比如说买东西，不要为一件东西去买一次，最好能够一次去把要买的东西都买完。再比如，我在使用手机方面就会给自己一个约定，就是早上在坐地铁的时候、中午午休之前、晚上睡前都会是我使用手机的闲暇时间，会有一个让自己休息放松的时间集中回复一些信息、看一些资讯、听听歌。这样就可以让我在其他的时间专注地去做我的教学、管理、研究。

第七，善于挤时间。其实在我们的生命当中，你会看到很多时候只要我们挤一挤，好多的时间就会跑出来，慢慢地你就会找到自己做事的频率，会显得越来越淡定，越来越自信。

想跟虹分享的第二个问题就是：任务管理。从我的经验来讲，有三个方面可以提高做事的效率：

第一要聚焦。就像拳击的时候找准对方弱势，集中力量、一击命中！应把自己有限的时间集中在当下要处理的重要的事情上，切忌不可每样事情都抓，一定要有勇气并机智地去拒绝那些你不必要的工作。一件事情来了首先要问，这件事情值不值得做？绝不可以遇到事情就接，这样可能让你得不偿失。

第二要平衡。我一直信奉一个原则：你得先做好你该做的事情，再去做你想做的事情。如何平衡这两者，是需要不断修炼的。借用美国神学家尼布尔的祈祷词：愿您赐我勇气，去改变我所能够改变的；赐我宁静，去接受我所不能改变的；赐我智慧，去区分这两者。"哪些"是你该做的事情？是你必须应付的事情？这个时候的你可能身不由己，甚至内心抗拒，但是你必须先放放不好的情绪；"哪些"事情是你想做的？做这些事情的时候你的效率超高，你非常愉快！这两者皆得的人，应该是自我满意度极高的人，愿我们都能成为这样的人！

第三要取舍。这一条看起来跟第二条有点儿矛盾，其实我是想说要在所谓的"该做的事情"中去取舍。在很多时候我们陷入事务当中，实际上并不是每件事情都必须做。"本该授权你却亲自去做了，因为你可以做得更好"——这是管理者的大忌，这样的领导会被累死而且工作效率低下、员工成长缓慢；"管它对不对，做了再说，总比没事做好"——这是员工的大忌，一旦结果南辕北辙，这比什么都不做要糟糕得多，而且不值得做的事可能会让你陷入没有价值的追求当中，你会慢慢地习惯了去做一些无用的事情。很多事情根本就不应该存在，它之所以存在的原因是大家习惯了，没有人有勇气去推翻它、去改变它、去让它消失。如果说有人要去挑战，那可能会有罪恶感，或者是感到胆怯。正因为各种各样的理由，总是会让我们浪费掉很多的时间，所以一定要学会 say no。

以上就是我给虹分享的时间管理和任务管理的感受。
新年快乐！

2016-12-30

关键词：效率
自我管理的其他途径

你身边的同学，有的人长时间待在教室，晚自习结束总是最后一个离开，特别忙碌辛苦的样子，成绩却并不理想；有的人边学边玩儿，轻轻松松的，成绩还特别好。一个宿舍的伙伴相约出门，有的人利利索索就收拾好了，有的人左顾右盼还丢三落四。

瞎忙型的人其实是陷入了"时间黑洞"。比如正在做数学试卷，突然想起语文有两篇阅读还没做，丢下数学去找语文习题册；翻着书柜看到一本喜欢的、好久没有碰过的书，一打开就忘记了时间，等到醒悟过来发现时间过去一大半了，好像什么都没有完成。

在这里给你介绍两个比较实用的自我管理的方法。

番茄工作法

这种方法教你如何在一段时间内专注高效地做事。

"对很多人来说，时间就像是敌人。特别是在快要考试，快要截稿，工期快到时，当你身边的闹钟'嘀嗒嘀嗒'地提醒着你，时间已经很紧迫，那时焦急的心情会导致你的工作和学习效率低下，这时你所想的可能不是怎样去完成任务，而是怎么去拖延工期。番茄工作法就是针对灵活有效地利用时间而设计的，帮助你完成任务以及提高工作和学习效率。"

番茄工作法创立者：弗朗西斯科·西里洛，1992 年

要点如下：

（1）选择一个待完成的任务。

（2）将番茄时间设为 25 分钟。

（3）专注于工作,中途不允许做任何与该任务无关的事，直到番茄时钟响起，然后在纸上画一个 ×，短暂休息一下（5 分钟就行）。

（4）每 4 个番茄时段之后多休息一会儿。

原则如下：

（1）一个番茄时间（25 分钟）不可分割，不存在半个或一个半番茄时间。

（2）一个番茄时间内如果做与任务无关的事情，则该番茄时间作废。

（3）永远不要在非工作时间内使用"番茄工作法"。（例如：用 3 个番茄时间陪同学下棋、用 5 个番茄时间钓鱼，等等。）

（4）不要拿自己的番茄数据与他人的番茄数据比较。

（5）番茄的数量不可能决定任务最终的成败。

（6）必须有一份适合自己的作息时间表。

目的如下：

（1）减轻时间焦虑。

（2）提升集中力和注意力，减少中断。

（3）增强决策意识。

（4）唤醒激励和持久激励。

（5）坚定达成目标的决心。

（6）完善预估流程，精确地保质保量。

（7）改进工作学习流程。

（8）强化决断力，快刀斩乱麻。

做法如下：

（1）每天开始的时候规划今天要完成的几项任务（待办事项），将任务逐项写在列表里。

（2）设定你的番茄钟（定时器、软件、闹钟等），时间是 25 分钟。

（3）开始完成第一项任务，直到番茄钟响铃或提醒（25 分钟到）。

（4）停止工作，并在列表里该项任务后画个 ×。

（5）休息 3~5 分钟，活动、喝水、方便等。

（6）开始下一个番茄钟，继续该任务。一直循环下去，直到该任务完成，并在列表里将该任务画掉。

（7）每 4 个番茄钟后，休息 25 分钟。

在某个番茄钟的过程里，如果突然想起要做什么事情——

（1）非得马上做不可的话，停止这个番茄钟并宣告它作废（哪怕还剩 5 分钟就结束了），去完成这件事情，之后重新开始同一个番茄钟。

（2）不是必须马上去做的话，在列表里该项任务后面标记一个逗号（表示打扰），并将这件事记在另一个列表里（比如叫"计划外事件"），然后接着完成这个番茄钟。

经验技巧如下：

根据个人实际情况，合理设置自己一个工作日内的番茄时间段，尽量将重要的工作放在头脑清醒的时段，比如上午 8:30 到 11:00，下午 15:00 到 17:00 等。不一定所有工作都要纳入番茄时间段，要找到适合自己的工作节奏。

（1）做好准备工作，明确各个番茄时间内对应的任务（task），最好将任务简单地写到纸质便笺 / 日记本中，便于画 ×，强化反馈。

（2）每 4 个番茄时段内的 task 的上下文差别不要太大，尽量减少 task 间的切换成本（进入某个 task 的工作状态是需要时间的）。

（3）在番茄时间段内 task 没完成怎么办？这个估计会经常发生，似乎只好在下一个番茄时间段里继续做了。其他 task 顺延。必要情况下加班完成。一旦出现这种情况，就需要你加强 task 的划分能力，尽量作好 task 完成时间的预估，不断提升精确估计的能力。

（4）打扰是不可避免的。电话、邮件都可能打断你的工作。如果有必要，可在你的番茄时间段中预留出一些处理"打断"的时间，比如 25+5，预留 5 分钟。当然我们应该尽可能地避免这种打扰，可用一些广为流传的技巧：比如在允许的范围内适当将 E-mail 接收的间隔延长；高挂"免战牌"，告知他人你已经"out of services"了；不启动即时通信工具，或把即时通信工具的状态设置为外出或极其繁忙等。

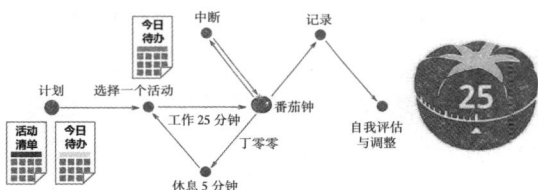

四象限法则

老妈偏爱这个技术，在前面"给虹的信"中有提到，我们再详细说说如何操作。

首先要把事情分为四个象限，横坐标是紧迫程度，纵坐标是重要性。

第一个象限是重要且紧急的事。这个部分是你安全感的来源，是无论如何都不能打折扣的。比如明天考试，马上就要背诵练题；生病了就要吃药。

第二个象限是重要不紧急的事。这个部分很关键。所谓"功到自然成""量变带来质变"，都是在这个部分，比如减肥、学习、培训、陪伴家人。这个部分大多是基于长远目标，需要培养坚持的习惯，完成过程要有可实践性和可持续性。

第三个象限是不重要不紧急的事，比如看小说、追剧、打游戏、刷淘宝，那就得适可而止。

第四个象限是紧急不重要的事。这个紧急到底是客观上的急还是主观上的急，处理的时候是有区别的。前者需要集中火力、快刀斩乱麻，不要让它们影响了你原本的节奏；后者需要确定一个时间底线，建立合理期待，完成即可。完美型人格容易卡在这里，把"完成"当"完美"，总在忙乱，效率极低。

在自我管理理念中，要着重培养处理第二象限事物的能力，而第三象限的事尽量少做。

总之，自我管理最重要的是要让自己有种责任感。你努力学习不是让父母和老师看，也不单单是为了应付考试，而是为了让自己变得更好，让自己的生命充满了各种可能，毕竟机会是留给准备好了的人。每个人都要为自己的梦想买单，如果没有这样的认知，那么你将来的生活只能由别人来帮你决定。

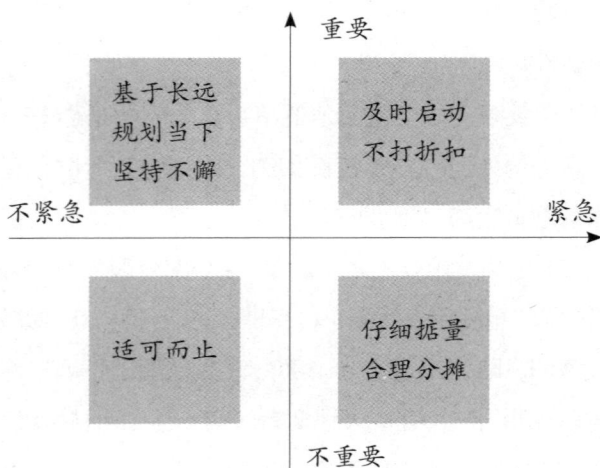

四象限法则

1. 如何找到适合自己的自我管理方法?

答:关于自我管理,的确有很多相通的技巧,但是每个人在具体实施的时候都会有自己的节奏。比如我就非常不适合"番茄工作法",觉得那样很约束自己、不自在;而我的一些同事就非常喜欢,觉得条理清晰、执行顺畅。因此要找到适合自己的自我管理方法,我的建议是:

首先要选对。在生活中选择了错误的方向、错误的方式,就会在错误的道路上越走越远,这是对自己最大的浪费。可以尽量去尝试前文中提到的技巧,看哪些在逐渐提高你的办事效率,哪些用起来不顺手。

接下来就要坚持。一旦找到合适的方式,把它用到生活学习的方方面面,小到清晨起来刷牙、洗脸、穿衣、用餐那些琐事,大到考研包括就业、五年或十年的规划等。

最终要靠经营。拥有属于自己的一套自我经营模式,你会越活越好,越活越轻松。

2. 关于自我管理的书籍有哪些?

答:自我管理为主题的书不少,在这里推荐几本我比较推崇的:斯蒂芬·盖斯的《微习惯》,蒂姆·费里斯的《巨人的工具》,斯图尔特·弗里德曼的《沃顿商学院自我管理课》,99U 的《管理你的每一天》。

3. 如何在自我管理中发现最需要改变的部分?

答：我们试着从结果倒回来看看，一个自我管理能力强的人，他会有怎样的表现？合理制订生活目标，正确安排作息时间，并且懂得执行，而且他们对自己的工作、生活、学习感觉良好。反之，生活目标不明确，迷茫、懒散、拖延，情绪中充满了焦虑和不满。因此，让你不舒服的部分，就是你需要改变的部分，愿意去找找看并挑战一下它吗？你可以问自己4个问题：

第一个问题：在生活（学习）中你可以多做或者少做一些什么事能让自己生活（学习）质量提升？更高效地工作（学习），还是花更多的时间陪陪生命中最重要的人？

第二个问题：世界上还有一些我过去没有做过的事情，是否值得我去尝试？人人都想有一场说走就走的旅行，实际上没几个人能走出去。那些想做而没做的事情往往对我们来说更加重要。

第三个问题：如果你有足够多的时间去完成你认为最重要的事，那你必须放弃哪些别的事情？得失之间充满智慧，舍得舍得，有舍才有得。有一些事情可能只是表面上看起来有价值。

第四个问题：问问你身边最亲近的人，爸妈、兄弟姐妹、密友，你们希望我多做什么事情、少做点儿什么事情？希望我开始做什么事情、不要再做什么事情？身边的亲人朋友的想法和意见对你的幸福感会有非常重要的影响。

想明白这4个问题，你就可以从一个长远又理性的角度看待当下该有的改变。

IV To be or not to be

我们的决定决定了我们。   ——萨特

　　每天我们都在作各种决策。清晨起床，我们穿什么样的衣服上班，早餐吃什么，今天选择什么样的交通工具出行，先处理哪件工作事务……包括你也是如此，在各种决策中学习、生活、探索。一个小的决策决定了当下的事情怎么做，影响着我们的状态；大的决策更是影响着我们未来的发展、人生轨迹，比如：高中选考什么科目、高考报考什么专业、读哪一所大学、选择何种工作环境、从事哪一类别的工作、选择未来的伴侣等。这些都是关系一生的重大事情，事情越重大，决策越重要、越困难。

　　处于青春期的你正置身于人生中知识积累、智慧增长、人格修炼的关键期，你要面对各种境遇，会在这个阶段逐渐运用到决策能力。

　　当下你可能常见的决策事件如下：

　　　　——琐事型决策，如买什么衣服、周末和谁逛街。

　　　　——应急型决策，如下一分钟我们该做什么。

　　　　——发展型决策，如要不要好好学习，大学读什么

专业。

——职业型决策，如下一个月做什么工作，以后从事什么职业。

——交际型决策，如与什么样的人做朋友，和什么样的人打交道。

……

琐事型和应急型事件一般都是日常生活中面临的压力和影响较小的事件，对你的成长和发展影响较小。而发展型、职业型、交际型决策影响着你未来的成长与发展，不良决策甚至会毁掉你的一生。无处不在的决策问题都会让我们承担一定的决策风险。我们时常会处于如下的境地：

站在一个自己常常走过的三岔路口，清晰地知道自己向右走通向哪里、往左走通向哪里，但是路上并不确定会遇见什么。

站在一个自己偶尔去过的三岔路口，只知道其中一个路口通向哪里，另一个路口不清楚，这时的选择会增加走错路的风险。

站在一个陌生的三岔路口，各个路口通向哪里、会遇到怎样的风景完全不清楚。

当然，决策即使有风险，仍然存在可控的空间，接下来我们就来看看"决策背后的玄机"。

关键词：决策
每一个决策背后的玄机

　　未来的一切都是未知的，生涯就是朝向未来去冒险。而这个"冒险"绝不是盲目的，任何一个生涯决策都是理性分析和情感思考的结果。我们既要有逻辑数据判断，同时还要有想象、画面和感受。光有理性分析没有冲动，决策落不了地；光有冲动，没有理性分析，也无法达成好的决策。

　　决策无法作出往往是因为我们——**不了解**，要么不了解自己，要么不了解周围世界。这是最常见，也是最容易解决的一种情况。比如，当有人问道，你以后想做什么样的工作？

　　——"我不知道自己以后想做什么工作。"
　　——"我不知道自己以后能做什么工作。"
　　——"我也不知道自己到底适合做什么工作。"
　　——"我还没有目标，我还没有想清楚。"

　　这一类的问题，其实是对自我的不了解。生涯教育可以帮助你澄清你的兴趣、能力、性格和价值观，这是我们在第二篇要解决的问题。

　　——"社会上都有一些什么样的工作？"
　　——"我喜欢音乐，但是这跟未来的职业怎么联系在一起？"
　　——"爸爸妈妈希望我以后工作稳定一点，我不知道稳定意味着什么？"

——"有很多工作在消失，真不知道我大学毕业的时候世界会变成什么样？"

——"我喜欢物理，大学都有哪些相关专业？"

——"这个行业的发展前景怎么样？"

——"我如何才能进入这家企业？"

这一类问题是对"周围世界"的不了解。生涯教育可以帮助你去探索专业、职业、行业、企业信息，加强对社会、未来职业和家庭环境的认知。本书会在后面的部分着重讲到"家庭及亲子关系"对你生涯的影响。

决策无法作出还因为我们——**不会做**，要么是能力不足，要么是方法缺失。信息收集齐了，你如果还是作不了决定，就像患上了"选择综合征"。

——"我今天穿裙子还是牛仔裤？"

——"买《哈利·波特》还是《冰与火之歌》？"

——"我是选历史政治类学科，还是物理化学类学科？"

——"我是考研还是工作？"

——"我是去大城市还是回老家？"

——"我是出国还是留在国内？"

有一些决策方法可以使用，比如 SWOT 分析法、决策平衡单、生涯幻游等。俗话说："授人以鱼，不如授人以渔"，在生涯教育中强调的不是我直接给建议、给答案，而是帮助你开发自己作决策的能力，或者分享一些作决策的方法。在本节的最后部分，老妈会为你提供一些作决策的小工具。

　　决策无法作出还因为我们——**想太多**，也就是你如何看待你要作的决定，仿佛是另一个自己在审视自己。如果你有一些完美情节，或者太多的负面思维，甚至一些创伤经历，这些都有可能影响到你作决策。有时会滋生这样的想法：

　　　　——"一旦作了决定就不能再改变。"

　　　　——"每个人终身只能有一个适合自己的人生选择。"

　　　　——"不能作出决定，说明自己不够成熟。"

　　　　——"我会按照家人或者老师的期待去作决策。"

　　　　——"只要有兴趣，我就一定能成功。"

　　　　——"我的决策必须是十全十美的。"

　　　　——"世界变化太快，'计划未来'没有意义。"

　　　　——"读书是实现自我的唯一途径。"

　　　　——"身为男人／女人，我应该作这样的选择。"

　　　　——"随着时间的流逝，我不想面对的一些问题就会自动消失。"

　　　　——"不去作决策是对自己的保护。"

　　　　——"不用担心后果，一切天注定。"

　　生涯教育倡导要挑战这些错误的认知，修正一些有偏颇的信念。有一句话老妈非常认同："影响我们的并不是事情本身，而是我们对事情的看法"。半瓶水在那里，有人看到的是"还有"半瓶，有人看到的是"只有"半瓶，还是那半瓶水，看它的角度不同就会得出不同的结论。

　　前面提到作一个决定会涉及"不了解、不会做、想太多"

三种情况，当我们面对一个决定，不妨先问以下问题：

——你对自己了解吗？你对要做的选项了解吗？

——以往的重大决策，你都是如何作出的？

——你头脑中挥之不去的念头有哪些？你担心什么？

2018年的高考快到了，如果你是一名考生，你会如何选择高考志愿呢？假设现在我们面对面坐着，我可能会问你：

——你都对哪些工作感兴趣呢？

——你将来想做什么样的工作啊？

——你自己有哪些优势和特长？

——对你来讲，你未来的人生最重要的是什么？

——你的分数大概能够报考哪些学校？

——不同学校类似专业的课程设置、就业前景是怎样的？

这是为了解决"不了解"的部分，以便澄清相关的信息。接下来我会问：

——当初文理分科的时候，你是怎么选的？

——六（物理、化学、生物、政治、历史、地理）选三，你为什么这么选呀？

——你每天穿不同的衣服上学，你是怎么选的？选择舒服的还是漂亮的？

——你的手链很漂亮啊，买东西的时候你一般怎么比较啊？

这是为了解决"不会做"的部分，帮助你发现已有的一些决策方法。最后我会问：

　　——如果前面的问题都不是问题，你还是不能作出决定，你是在担心什么？

　　——这些担心，你以前是否遇到过？

　　——是什么在阻碍你按照自己的意志去选择？

　　这是在防止你"想太多"。这样梳理下来，你就有望"拨开云雾见天日，守得云开见月明"了。如果你即将面临一个重大问题或重大决策，老妈给你推荐一个非常好的决策工具：CASVE 循环。

关键词：CASVE

未来应该怎么走？

　　CASVE 是由五个单词的首字母组成，分别为沟通（Communications）—分析（Analysis）—综合（Synthesis）—评估（Value）—执行（Execution），五个环节环环相扣构成一个环形循环示意图。

　　CASVE 循环需要一系列强有力的□□□认清问题、思考选项、综合信息、作出决策□□□用一个故事来细细解读。

　　小王同学，男，高二，班□□□年级排名第 490 名，成绩均衡，相□□□吾、语文

等。喜欢运动：踢足球、打篮球，也喜欢游泳、素描。其父母在小王小学期间，就安排他在俱乐部或少年宫接受相关培训，同时与父亲一起学习演讲，并在小学参加本地演讲比赛获得二等奖（听从父母的安排是很多同学的决策选择之一，相信成人的经验和权威）。今年夏天，喜欢篮球的小王积极报名参加"三人制篮球"训练营（兴趣、价值观也是常见的决策关注点），培训后感觉篮球水平有了很大的提升。

在家长和同学眼中，小王同学是聪明、善良、阳光的大男孩，喜欢运动、唱歌、绘画、旅游等活动。也是一个懂礼貌、尊老爱幼、乐于助人的孩子，生活积极主动，帮助父母做家务活。但从小不爱学习，学习中没有有效的方法和计划，所以成绩只是中等。他从小在外地某小学读书，和同学关系融洽，独立性较强。五年级转回本地重读六年级，重读期间感觉环境变化太大，导致他心情一直不好，和同学关系也不是很好。初中和高中阶段逐渐适应了当地的学习环境，心情好转，学习也得心应手，再加上篮球特长突出。他每天都想大声歌唱。

最近，小王父母与其沟通未来的发展，感觉小王最直接的想法就是想多挣钱，他认为将来考大学选择金融专业或当老板就能多挣钱。父母个人认为他的想法片面，曾指导他要选择能给他带来快乐和幸福的职业。他说自己喜欢汽车、喜欢绘画，想学汽车外观设计专业，将来去德国留学。但是父母又觉得他年龄太小，出国太早会担心他的未来发展问题。他个人也不知道未来做什么比较好，想回避该问题。但是一想到马上高三了，应该赶紧确定未来的方向……

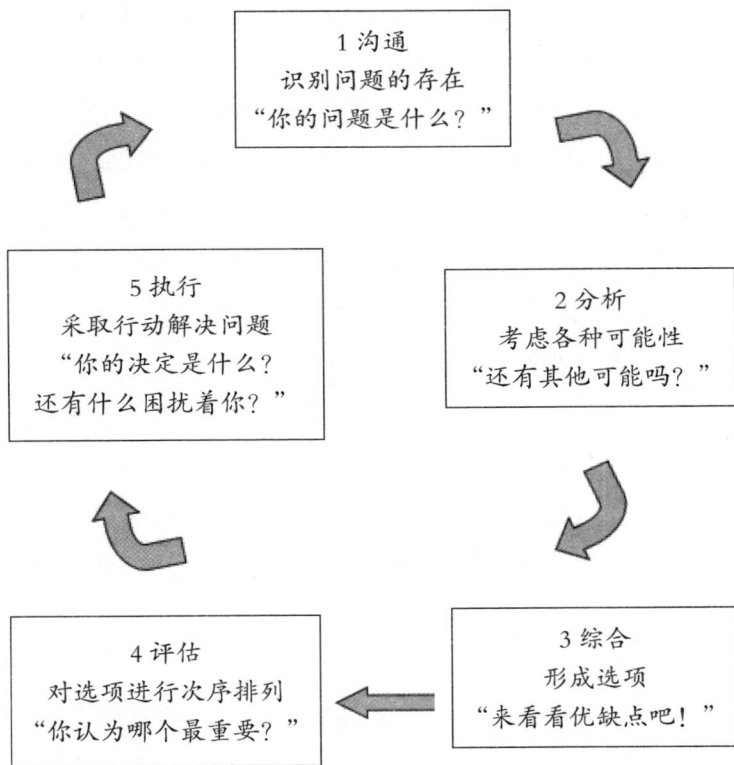

CASVE 循环示意图

遇到这种问题，我们该怎么处理呢？

小王和家长都感觉到了这个重要决策背后的风险，如何推进呢？你不妨来看看老妈是如何用 CASVE 循环具体分析的：

第一步，沟通。父母和小王都开始探索和思考——小王高中之后的发展方向。小王根据自我成长经验和认知，认为未来就应当"多挣钱"，因此应当"考大学选金融专业或当老板"，或者根据自己的兴趣——"喜欢汽车、喜欢绘画"，想"学汽车外观设计专业，将来去德国留学"。小王父母根据个人价值观与社会经验，认为王同学的想法"片面"，或者认为王同学"年龄太小，出国太早"。此番沟通虽然没有达成一致，但小王已经清晰地表达出了自己的意愿——高中之后的发展之路要么是选择上大学读金融专业、当老板，要么是学汽车外观设计专业，然后出国留学。

第二步，分析。小王经过与父母讨论，得到了一些关于自己选项的意见和建议，有利于王同学更深入地认识选项背后的后果。同时，小王同学应当进一步开展自我探索，在认清自我性格、兴趣、价值观和能力的基础上，结合当下环境（包括家庭、学校、社会等环境），思考自己的问题是否还有其他的解决路径可供选择。

第三步，综合。在汇总可以解决该问题的所有选项后，小王可以尽可能地收集几个选项的选择条件、带来的后果、各方面的优缺点。同时，向自己的父母、师长、同学、职业规划师等了解相关信息，也可以上网查询信息，丰富自己的信息网络，罗列出各个选项的相关信息并进行对比。

第四步，评估。基于信息收集和选项梳理，小王可以采用职业生涯规划的一些工具（如决策平衡单），认真思考每一选项在自己心中的权重和对自己的影响力，科学系统地计入分值统计，由此来对所有选项进行排序，然后确定哪一选项最适合自己。

第五步，执行。通过评估排序确定最适合自己的选项之后，小王就可以根据自己的选项开展行动，制订详细的计划，落实自己的选项。同时，解决一个决策问题的选项还会带来新的决策问题，需要 CASVE 循环发挥作用。比如，王同学选择考大学读金融专业，那么很快就会带来新的问题：考哪一所大学，选金融专业的哪一个方向等。

最后是对决策选项的反思和巩固。一个决策问题是否真正得以解决，还应当时时关注情况的变化和发展。在新的情况出现之后，应当及时反思过往决策是否适应新形势的变化和发展，是否应当继续执行下去。适合继续执行的，应当巩固和坚持执行计划；不适合继续执行的，应当及时调整或者重复 CASVE 循环，重新确认方向和计划，并执行新计划。

前面提到在决策过程中，我们容易"想太多"，也就是关于决策信念的问题，它左右着"生涯"这辆马车的行进。

接下来再推荐一个好用的"信念"修正工具：教练技术，它可以引发更加积极有力的自我对话。持有"教练信念"的人，无论对自己还是对他人，都要始终坚信：

> 每一个人都是 OK 的！
>
> 每个人都会在当下作出最好的选择。
>
> 每个行为背后都有正面的动机。
>
> 人们已经拥有成功、快乐所需的一切资源。
>
> 改变不仅是可能的，而且是不可避免的。

关键词：教练

与生涯教练的对话

小敏，大学三年级。在大学期间，小敏学习的是英语与信息技术相结合的复合型专业，有较好的就业前景。但是由于是两门专业的叠加，学习压力很大。周围很多同学都转向跨专业就业，而小敏自己喜欢这个专业，算是班级中为数很少的坚持专业取向的学生之一，又加上是女生学 IT，更是稀缺。一直以来，老师和同学都很认可她学习的努力程度。在大学三年级的第一学期后的寒假，小敏自主到某企业进行专业实习，实习过程中发现自己大学所学的东西应用起来十分吃力，跟身边的同事有很大的差距。这段实习经历大大挫伤了她的从业积极性，一次走入职场的尝试反而让小敏开始质疑自己的职业规划。

恰好在实习的这个寒假，小敏还同时做了两份英语家教，家教对象和家长对自己都很满意。相比之下，她觉得自己似乎更能驾驭英语类的工作。是坚持当初的选择，还是及时另辟蹊径？以后的路该何去何从？

接下来，老妈以"生涯教练"的身份与小敏展开对话。

第一步：澄清目标，寻找资源。

小敏："我一直很喜欢现在的专业，在学校还是挺自信的。今年寒假我自己联系了一家公司开始实习，才发现学到的东西用起来差太多，工作很吃力……"

教练："我注意到，你刚才很多次说到'原本是喜欢这个专业的'，可以具体一些吗？你为'喜欢'的专业都做过些什么呢？"（具体化、挖掘资源）

小敏："我的专业成绩一直不错，其他同学觉得计算机的课程很难就逃课，我从不逃课！"（😊）

教练："还有呢？"（后面一系列发问）

小敏："还喜欢跟班上的男同学一起做课程设计，这次非师范生技能比赛我也参加了，还拿了奖。我比较确定的是自己以后会从事信息技术方面的工作，因此才自己联系了实习单位。"

教练："你特别提到了这段实习经历，让你的实习时间整整提前了半年，你也增加了一次了解职场的机会，我很好奇这期间都发生了一些什么？（😮）你是怎么

找到这家公司的？"（保持好奇，挖掘资源）

小敏："我找了一家小型的 IT 公司实习，心想这样的公司要求不会太高，结果工作起来很费力，我觉得我不能胜任'程序员'这种岗位，那些同事太厉害了。"

教练："你选择了一家 IT 公司，而且是'程序员'的岗位，看来你很明确你的选择。在实习过程中遇到了哪些困难？你都做过哪些努力呢？"

又是一连串的发问后，小敏说道：除了觉得工作不能胜任以外，还不太适应企业的工作方式，太多加班，没有规律；她尝试通过请教同事、咨询主管、加班、自学等多种方式克服障碍，其间没有轻言放弃，为此做过很多的努力。

小敏："其实我这次实习准备得比较仓促，我就花了两天的时间在网上搜了一下，这家公司员工不到二十人，我的实习岗位是研发，也就是计算机程序员。"

教练："你所学专业就是培养程序员吗？"（确定信息）

小敏："我想是吧……"（😐）

教练："我感觉到你不太确定，是什么让你显得有些迟疑？"（确定信息）

小敏认为其所学专业是英语专业与信息技术专业的叠加，一直以来她自己也很困惑，这个专业学出来到底适合做什么。她的很多同学转到了纯英语方向。

教练："每一个专业都有它的社会适应性，这两年

你也做了很多的投入，我们不妨来梳理一下，你觉得都有一些什么收获？"（开发资源）

经过一番梳理，小敏认为自己的专业优势是"能熟练地运用英语在外资等企事业单位从事与信息技术相关的工作"。小敏意识到，其在校期间的所学更加偏向于技术应用而不是技术研发，而小敏的实习岗位选择了"程序员"，这是一个纯技术研发的岗位。

小敏："老师，难道是我选择的实习岗位出了问题？！"

教练："想象一个1~10分的度量范围，在实习之后你对IT方向就业的信心，1分表示对自己完全不满意，10分表示完全满意，你觉得当时在哪个位置？"（度量式提问，小敏的回答是4分）

教练："用同样的标准度量，此刻，你对IT方向就业的信心在哪个位置？"（度量式提问，小敏的回答是6分）

教练："从4分到6分，我想我们都注意到了这个变化。这意味着什么？"

小敏："我觉得，我其实还是挺适合在IT方向就业的，两年多的时间我都努力地学习，不能因为这几天的实习就否定掉了。至于当英语老师，我也许能胜任，但是这两年我根本就没有去选修师范技能方面的课。"

教练："如果你还有一次重新实习的机会，你会怎么做？"（指向未来的可能）

小敏："我想我会准备得更充分些！"

教练："更充分的准备是什么样的？"（具体化）

小敏认真想了一会儿，用有些试探的语气："我想我可以问问高年级同学他们在 IT 方向实习（就业）都去了哪些企业，哪种岗位……"

教练："还有呢？"

小敏："我还可以问问我的专业老师，我跟他们走得挺近的，我很喜欢向他们请教专业问题。老师，你说他们了解我这个专业的就业吗？"

该生所学专业是校企合作的专业，IT 类课程都是由印度某信息技术学院的教师执教，师资力量强大、实力雄厚。

教练："还有呢？"

小敏："我的大学导师就是这个专业的创始人之一，我想他也可以给我一些建议。"

小敏："看来我当时选实习单位太仓促了，我完全没有想到还有那么多的准备要作。"

教练："你比同专业同学提前半年涉足职场，收集到这么多的信息，如果你跟同学分享这份体验，你会给他们一些什么建议？"（开放式提问，换框，将小敏对实习经历的负性体验转化成正向的收获）

通过这个阶段的问题澄清，小敏察觉到自己的问题其实不是要在 A（IT 方向就业）或者 B（当英语教师）中进行选择，而是如何推进 A 的实现。这次实习是一次有意义的职业探索，她自己原本拥有丰富的求职资源，还远远没有利用起来。于是教练帮助小敏将教练过程引向计划制订，并推动下一步行动。

第二步：制订计划，促进变化。

教练："假如，现在是 7 月份，你已经到了一家令你满意的单位实习，你能不能给我描述一个画面出来，这个画面是实习当中最想达到的工作状态，画面越清晰越好。"

小敏："我想我在一家比较知名的 IT 公司，就像西永微电园的富士康。我不喜欢到处跑业务，我是一个比较喜欢安静的人，所以我可能还是做偏向技术的工作，我会很快上手，周围有合作的同事，我希望能参与某些项目。"

教练："如果你已经成为那样的实习生，什么对你是最重要的？"

小敏："能够做出一些实际的成果，业务能力得到提高，慢慢成为骨干！"

教练："如果你能实现这样的成绩，你会采取哪些方式？利用哪些资源？"

小敏："我对自己感兴趣的事情总是很专注，愿意去投入，因此我会不断地去学习，我想这是最重要的，因为学习是无止境的事情。我会选择可以扬长避短的岗位，不要盲目地去跟'程序员'竞争，当然我还是想试试，也许我还有很多东西要学。"

教练："如果你拥有了更强的竞争力，是因为你现在做了什么？"

小敏："我要在 7 月的正式实习前作好更充分的准备，首先要找到合适的实习方向；然后按照岗位的要求储备应该有的能力，比如到了职场商务英语可能需要得多一些；还有是能将大学前两年储备的专业优势发挥出来，再看看还有什么需要提高的。"

教练："还有吗？"

小敏："我还是会在周末坚持做家教，一方面练口语；另一方面万一找对了实习单位还是觉得自己不能胜任，我还可以有退路。"

教练："还有吗？"

小敏："接下来，我该好好跟专业老师、导师们聊聊！"

教练："你打算什么时候开始刚才的那些计划？"

通过此番对话，小敏认识到："我今天回到寒假实习的单位做一些工作的交接，换了一种心情，觉得轻松了好多。不是我不行，只是我没有准备好而已！"（学会换框，积极正向地思考）

一周后小敏完成了她的计划书。这是一份十分详细的计划书，看得出小敏的确是一个做事严谨、善于规划的学生。计划中，小敏专门分享了最重要的三个信息。一是准备 5 月份的 TOEIC（国际交流英语测评）考试。小敏希望加强自己在 IT 就业中的英语优势，她特别提到前几天回实习单位交接时与共事的主管进行了深入的交流，诚恳地听取了主管的建议。其中，主管对她流利的英语口语十分赞赏，表示很遗憾在实习期间没能给她施展才华的机会。这次谈话给了小敏很大的鼓励，更让小敏看到了自己应该好好经营的资源。二是参加学院为期三个月的职场模拟大赛，大赛的时间刚好跟自己的计划同步。小敏特别关注了比赛流程，从简历制作到面试大赛，到终极职场赛，不仅能学到很多求职技能，还有机会跟用人单位的 HR 近距离接触。三是会利用同学在企业做信息技术外包兼职的机会，参与他们的工作组，进行一些具体的软件项目设计。

此番有效的"教练对话"推动了小敏的有效决策及行动。你可以设想这个"教练"就是"另一个小敏"，也就是说每个人都可以用"教练技术"进行自我对话。如果将积极正向的"教练信念"渗透到学习、生活的其他方面，必将受益无穷。

最后，老妈向你推荐"得到"APP 的"精英日课"专栏主讲人万维钢提出的——科学决策十大心法，助你离正确的决策更进一步！

◇科学决策十大心法◇

（1）决策是一个非常纠结的心理过程，是在几个难判优劣的选项中作出正确的选择，而完成一项领导布置的任务不叫决策，选一件性价比超高的商品也不叫决策。

（2）科学决策必须遵从四个步骤：第一，看清自己有哪些选项；第二，评估每个选项的优劣；第三，从选项中作选择；第四，为未来的不确定性作准备。

（3）决策的关键在于给自己增加选项。老江湖和高中生作决策时最大的区别就是，前者给自己创造选项，后者只会原地打转。如果你没有选项，那只能叫决心，而不叫决策。只要能在 Yes 或 No 的基础上增加一两个选项，错误的比例就能明显下降。

（4）最简单的增加选项的办法，就是看看别人是怎么做的，这叫"寻找亮点"。就算大多数人都失败，也总会有人成功，你只看成功者怎么做就好。先看内部，再看同行，不行就去找其他领域的。掌握的套路越多，选项就越多。

（5）为了避免作决策时受"先入为主"的影响，就要给自己"设立反对派"。当心里有明显偏好的时候，就很不容易听取反面的意见，这叫"确认偏误"。想打破"确认偏误"，就要找几个朋友扮演反对派的角色，想方设法给你提反对意见。如果你听了所有反对意见还想做这事，那你这个决定才可能靠谱。

（6）避免纠结的办法，是在作决策的时候把自己想象成旁观者。你可以问自己三个问题：10 分钟之后你会如何看待此刻的决定？10 个月之后和 10 年之后你又会作何感想？这个"10/10/10 法则"能帮助你克服短期情绪。

（7）作决策时要记住一点：你并不特殊。如果以往大多数人做某件事都失败了，那你大概也会失败。别以为自己更了不起，别人在做这件事之前也曾以为自己了不起。因此，除非你是真的特殊，真有他人看不到的洞察力，否则就不要轻易忽略前人的经验。

（8）价值观是决策中的终极判官，到头来你可能还是面临两难选择。这时候，只能看价值观。所谓的价值观就是你的优先级，就是你认为什么更重要，什么不那么重要，即"不忘初衷"。

（9）最高级的科学决策其实是"不科学"决策。管它有没有枣，先打一竿子再说。它的科学之处在于"试水"，先动起来，之后再调整。

（10）试水的时候记住三个原则：第一，尽可能地尝试新事物；第二，尝试要可控，要确保实验不给我们带来灾难性的后果；第三，获得反馈，从结果中学习，随时调整做法。

答疑解惑

1. 为什么"作决定"是一件很艰难的事情？

答：任何一个决定都意味着风险和责任，因此"作决定"是一个艰难、冗长、煎熬的过程，不仅是你，人人都如此。当然"作决定"的状况无处不在，天天有、处处在，我们通过不断反思，审视并调整自己，可以有效提高决策效率、缓解决策压力。

打一个比方，当你在"苹果"和"梨"之间作选择，你选择了"苹果"放弃了"梨"，而"梨"对于你来说价值越大你越煎熬，这就是所谓的"成本代价"理论。当然"苹果"和"梨"各有各的好处，也各有各的不足，选谁都不是完美的，既然无论如何都存在后悔的可能，那我们倒不如：

第一，既然没有完美，就接纳不完美；

第二，训练自己的智慧去尽量作出更优解答；

第三，培养自己的勇气去承担任何可能的后果。

做到这三点，整个决定过程会变得快乐轻松起来。

2. 我的爸妈千方百计想控制我的生活，啥事都要替我作决定，怎么办？

答：你提出这样的问题，看来那不是你想要的。你纠结的是爸妈替你作的决定，到底是在"爱"你还是在"掌控"你？爸妈的做法背后的潜台词是：你作的决定都是不够好的，我们为你作的选择才是最好的。这里面有对你的不信任和他们自身的控制欲作祟，有时候一句"都是为你好"成为司空见惯的挡箭牌。

记得有人说过一句话：当你不知道要不要听从父母的建议时，看看父母的人生，是不是你想要的人生。此话颇有深意，值得细细咀嚼。

第三篇
我的财富

思维导图

人工智能
右脑思维
学习

换位
对话
启迪

影响
关怀
适合
记录
标签

I 干着工作带你飞

> 我从我父亲那里学到很多，最深刻的就是他对待工作
> 一丝不苟的态度。
> ——作者

　　教育的话题离不开家长，家长是孩子最初的老师，从宝宝出生的那天起，无论家长是否准备好，都要开始面对这个奇妙的生命。老妈感同身受，从你来到这个世界的那一刻起，无形之中我已经将你带入我的工作世界。即使我再努力地想把工作和家庭分开，你依旧能感觉到我职业中的喜、怒、哀、乐。我所在的行业、具体职位、工作内容已经成为你成长过程中极其重要的支持系统，我也希望可以利用自己职业的方方面面让你接触更多的职业信息，给你带来更多发展的可能。

　　一些研究者特地调查了父母与子女的职业选择的关系：相对而言，孩子更有可能继承他们父母的行业或者相近行业。举个例子，如果父亲是从事医生职业，那么儿子从事医疗工作的可能性就比普通人高 4.6 倍。同时，如果母亲是护士，那么女儿从事护理工作的可能性就比普通人高 3.75 倍。这些研究证实了中国的一句古话：龙生龙，凤生凤，老鼠的孩子会打洞。老妈的行业选择其实也深受父辈的影响，完全选择了与父母一致的职业。

但值得注意的是，其中一些统计方式如果放到格局较大的事物上意义可能并不大。例如，如果父亲在军队里，儿子从军的可能性比一般人要高5倍，但实际上，在这些父亲是军人的子女中只有四分之一会从军。再举例而言，某研究数据显示，如果父亲从事农业、渔业或者林业，他们的儿子里只有3%会子承父业，但这也是一般人可能性的7.6倍。如果母亲是文员或行政人员，她们的女儿中有20%会从事同样的职业，但这仅仅是一般人可能性的2倍。精心分析后发现，子承父业的概率好像并没有我们想象的那么高。

但从另一个角度也说明了父母的职业对子女的生涯发展存在一定的支持性影响。接下来给大家介绍一些案例，看看父母是如何把自己的孩子带入其工作世界的。

关键词：换位

带你上一天班

案例一　印刷厂打字：又累又饿，拒绝再去

女孩A，五年级一班　　父亲职业：印刷厂职工

之前，女孩A一直以为，老爸的工作不过是每天去印刷厂打打电脑。而在A眼里，打电脑是最幸福的事。因此，每次老爸批评她学习不认真，A总是很委屈："他上班不累，下班休息，也不用做作业，为啥老挑我刺？"

7月10日早上7时，爸爸叫醒A，带她一起去上班。到了单位，爸爸递了3页写满了字的纸给A，要求她用电脑打出来。"这是一份多没挑战性的工作啊！"然而，半小时过去，A只打了一页半不到，已经觉得手酸了。花了近一个半小时，A勉强打完了3页稿纸，随之而来的是手酸、眼乏、背痛……各种不舒服。

A抬头看了看爸爸的办公室，这个场景让她永远难忘："办公室的灯暗暗的，爸爸和另外5个叔叔阿姨在自己的小隔间埋头忙碌，安静得连背上的凉意都能感觉到，我当时好害怕。"此时，工作才开始一个小时，而A爸爸下班的时间是晚上8时。

后来，A又接到了几项打字的任务，但她打字的速度相当慢，中途还偷偷玩了会儿游戏。"爸爸没说什么，因为他一直在电脑前忙成一片。"半玩半工作，A总算熬过了一天。她说，到了下午，老觉得饿。下班前，爸爸问A，明天还来吗？A断然拒绝。

爸爸说："女儿一直认为，我的工作不过就是打打字。其实，我们的工作很复杂，除了每天近两小时的打字，校对、排版……工序多且不允许有错，一直是高度紧张的状态。"

体验结束，女儿眼泪汪汪地说了一句："爸爸，我错了，你的工作好辛苦，我以后不跟你顶嘴，我会好好做作业。"

案例二　足浴店按摩：换位工作为老爸按摩

男孩B，五年级一班　　父亲职业：足浴店经理

男孩B到足浴店，赶上爸爸给新员工培训：怎样用劲，怎样找穴位……他听了一会儿，明白了一部分方法，比如按肩按哪里更合适。

培训结束，男孩B请求为老爸按摩一次。"爸爸很辛苦，每天要工作到晚上12点后，我想让爸爸放松一下。"此次按摩，男孩B最大的感觉是："爸爸手上有好厚的茧，按他的脚他直喊疼。"半小时下来，男孩B感觉手和胳膊痛得要死。其间，爸爸好几次让他不再按了，但他一直坚持到筋疲力尽为止。

爸爸说："我以前很担心孩子娇生惯养，总想抽空把孩子送回农村老家体验一下。此次工作体验，让我很庆幸：儿子很懂事。"

◇分享◇

带你去上班一定要提前和你沟通，如果你愿意主动和我一起上班，效果会更好。如果你不想来体验，我肯定不会胁迫或者逼你来。

带你工作的一天，不仅仅是参观和游玩，我会让你承担我工作的一部分，当然是在工作允许的范围内。

无论工作内容有多少，至少我们有了一次一起工作的经历，我也很想在工作后听听你对这次工作的体验和感悟。

所以一般情况下我们会有一个工作任务清单：

> a. 工作任务：
> b. 完成效果：　　优　　良　　中　　差
> c. 工作总结：（怎么做才能更高效地完成任务？）
> d. 体会感悟：（通过今天的工作我学到了什么？有哪些体会？）

案例：做文案工作的妈妈带孩子上一天班

a. 工作任务：帮妈妈整理办公桌，对文档进行分类，利用网络搜集一些图文信息。

b. 完成效果：良。

c. 工作总结：帮妈妈的小盆栽浇水，并给妈妈冲了咖啡，帮妈妈把文件简单归类（其实妈妈已经归类得很好了）。在搜索图文信息的时候，感觉搜索的东西比较混乱。刚开始没有理解妈妈需要哪方面的图文信息，下载了一些相关的资料，但是基本都没用。后来了解到妈妈需要某种具体介绍，包括发展、现状以及未来走向方面的资料。可资料也没有找到太多，而且没有分类，比较杂乱。但还是感觉帮到了妈妈，如果提前和妈妈交流沟通，效率会更高。

d. 体会感悟：感受到妈妈上班的不易，其实妈妈上班的环境还可以，妈妈的同事们上班都很忙。交流氛围很温馨，有时候有些问题大家一起解决感觉挺好的。自己以为自己的工作能力比较强，但是实际工作后发现还有很多东西要学习，包括网络检索、问题分析等。

小结：这样一天的工作主要是让你有换位的体验，看到家长工作的不易，进而知晓家长工作的环境、内容。

通过之后的总结和分享，也能让父母体会你的感受，试着了解你眼中父母的职业是什么样子。

关键词：对话

妈妈，你为什么要当教师？

孩子：教师究竟是个什么职业？

母亲：教师主要面对的对象是学生，每一个学生都会给我带来新的挑战，每个学生的成长都会带给我一种成就感！

孩子：除了繁重的备课、上课、查课的任务，还要面对学生和学生家长太多的不理解和莫名的指责与委屈。这会给你带来很多精神上的压力吗？

母亲：教师是一种高道德感的职业，维持这种高道德感势必会给我的心理和行动造成一些影响。但是我的那些压力还好，要是你老妈天天诚惶诚恐的还不垮掉了？

孩子：那是什么力量使你这么放松？

母亲：自信！它让我即使如履薄冰，也能游刃有余。

孩子：自信来自哪里？较高的教学水平？还是在同行中的地位？

母亲：来自内心对学生向好的期待和信任。当你相信你的学生一定会成为很出色、很优秀的人时，你便会用你所有的力量来帮助他成为他自己，在这个过程中，你的或者他的不开心也会被理解。

孩子：你会对你的学生差别对待吗？

母亲：一名称职的教师应该明白，在课堂上针对不同的知识点，可以用不同的方法讲授。当学生进入了你的课堂，他们的差别只是理解力的不同，别无其他，你要做的就是用学生最能理解的方式讲授知识，启发心智。

孩子：学生有好的，有差的，你都喜欢吗？

母亲：无论是面对什么样的学生，教师都要全心全意，不是学生不想学、学不好你就不教。

孩子：学生的身份或"其他"东西会不会影响教师对学生的态度呢？

母亲：你的"其他"指的是家庭社会地位较高，还托人打招呼照顾的学生吧？不管是什么，如果说一定有差异的话，应该是在你的心理感知层面上，会有性格和你相投的或者让你觉得不好相处的。但在对待每个学生的时候，你必然是要去努力看到每个学生更好的未来，并给予最恰当的支持。

孩子：你怎么看待家长送礼？

母亲：我看重他们想要表达的真诚的感谢，但我会拒绝这种方式。

孩子：教师会根据学生家长或者学生的礼物轻重来改变自己的态度吗？

母亲：绝对不会。最打动你的也许就是一个鞠躬，那是真诚的，发自内心的。

孩子：从教二十年，什么事情或者成就使你最难忘？

母亲：很多年前做班主任的时候，跟班上一名学习不太好的学生经常交流。本想让他明白成绩的重要性，也请了很多次家长，最后学生和家长都觉得我很烦，而且他高考成绩还是没有上重本。

孩子：这件事情使你很懊丧、很懊悔吗？

母亲：更准确地说，这件事情使我明白：除了用心还要善术，教师不仅要教知识，更要具有与学生建立良好关系，进而启发其心智的能力。

孩子：你获得了这么多的成就，其中最快乐的是什么？

母亲：就是每一个学生对我说感谢的时候。

孩子：你的成就是这个行业共同进步带来的，还是你自己努力获得的？你觉得哪个更重要一些？

母亲：两者都有，缺一不可。更重要的是要有足够的能力，适时地把握机遇。

孩子：当学生不听话，家长不理解，领导不支持，大环境负能量多的时候你不抱怨吗？要怎么处理行业的这些无奈呢？

母亲：困惑、抱怨是对生命的浪费。在困境的时候更要注重个人修养的培养，加快自己各个方面的成长。我的历史是不可重复的，我所谓的成就也与我独特的经历分不开。

技巧梳理：每个行业都不是完美的，但我在向你传递职业信息的时候，会对我所在行业怀揣一颗热诚和敬畏的心。其实很多时候你并不会和我走同样的路，但我希望你不只是看到这个岗位的表面现象，还能看见它的内在，更重要的是通过我对待这个行业的态度，真正地认识这个行业。遇到什么样的困难不重要，重要的是如何面对它，继而攻克它。同时，我希望通过与你的对话激发起你探索未知的兴趣。

问答小套路：

问（孩子）：行业概念？

答（父母）：用朴实简单的语言描述，非专业性的。要结合自身情感和体会，引发孩子的提问欲望。例如：工人是生产或者建筑行业的战士。

问（孩子）：正能量问题？（是否感到快乐？工作有没有意义？什么让你开心？）

答（父母）：肯定回答，正向引导，举例证明。很快乐，有意义，能看到自己建设或者完工的大楼很有成就感。

问（孩子）：负能量问题？（是否感到无奈？工作有没有困难？什么让你无法坚持？）

答（父母）：中性回答，正向引导，结果导向。有时也很无奈，困难肯定有意义，有太多的不确定因素会干扰你的工作，但选择了就要坚持，遇到问题更重要的是找到解决办法。

问（孩子）：具体工作内容问题？（具体做什么？需要准备什么技能？有什么发展？）

答（父母）：实事求是地将自己看到这个行业的一切尽可能讲给他。（如果问到这个部分，说明孩子对职业选择已经有自己的想法，已经开始进行自我和环境的匹配了，鼓励多问：还想知道什么？但注意：他没有问的不要轻易讲，会干扰他自我探索的成长能力）

问（孩子）：建设性反问？（我做这个如何？这个适合我吗？你看我来做行不行？）

答（父母）：不给明确答案，把选择权交还给孩子。（你要对自己的未来负责，以后工作是你自己在做，这个决定你可以自己选择，我只能建议，最终决定权是你自己的）

这样一问一答的过程，关键是要启发孩子对想要了解或者未知的行业保持兴趣，从而保持对未来的探索精神。所以，你可以尝试着跟不同的长辈展开一场正式的行业对话，一定会有很大的收获！

关键词：启迪
一个保安爸爸的日常故事

　　每个人都有自己的奋斗历史，同样也会在平凡的岗位上做出不平凡的成绩。尽管爸妈都是平常、简单的普通人，但职场上的故事也值得跟你分享，希望不仅可以让你了解我们的工作，也可以更进一步了解我们，从而进一步巩固我们的关系。我们一起来看看下面这个从事保安工作的爸爸是如何跟他的女儿讲述职场故事的：

　　父亲：平时的工作不是太辛苦，白天到了单位换好衣服就开始训练，一般每天训练1个小时，主要是跑步和一些基本的格斗架势训练，对于你老爸来讲比较简单。昨天下午一个喝得醉醺醺的小车司机从小区出去的时候不交临时停车费，在那里大吼大叫的，说自己是开发商的朋友，进出从来不收费，想停多久就停多久，就是不交钱，导致后面好几辆车出不去，我站在那里就是没给他开门。遇到这种人就不能太软弱，但作为工作人员也不能拿他怎么办。我当时就看着他说："先生，对不起，这里的岗位职责规定非本小区车辆入库停车30分钟以上按临时停车价格表收费，无一例外。后面已经压了这么多车了，请您理解。"那个人又在车里骂骂咧咧了一会儿，看我没有开门的意思，甩了句脏话把钱给了。当然，收了钱得立马放行。这样的人时不时会遇到一两个，真不能和他们一般见识，否则自己心累，犯不上。

女儿：老爸遇到这种人就不能和他动手，他不配。

父亲：前天有个比你还小一点的小姑娘，放学后没有带钥匙，回不了家，结果小姑娘还挺聪明，跑到我这里来跟我谈条件，说给我两块巧克力让她在值班室写会作业等妈妈来接她。其实这个小姑娘总进进出出的，她和她妈妈我都有印象，她爸爸好像就是附近厂矿的工人。虽然门卫室一般不让人进来，但我还是同意了。还好，经理那天下午没过来，孩子妈妈带走她的时候挺感谢我的，我也庆幸经理没来查岗，呵呵。

女儿：老爸的决定挺好的，我觉得就算经理来了也会表扬你的。

技巧梳理：父母每次在给孩子讲故事的时候，要努力做到有感情，故事相对完整，保证内容与自己的工作内容相关，以正能量为主或者以正能量为导向。希望孩子听到故事后能够感受到当时的境遇，并且了解到所在行业的相关工作内容，从中学到一些为人处世的方法或者构建一定的价值观。

> **故事蓝本：**
>
> 起：何时何地，任务介绍（以自己的职场工作内容为主）。
>
> 承：矛盾点（遇到的困难和干扰）。
>
> 转：故事高潮（解决问题的具体方式方法，包括解决问题的态度）。
>
> 合：故事结果（事情的结果如何，自己的情绪体验如何）。

老妈坚持认为"讲故事"可以启迪心智，更是表达内容最亲近的一种形式。通过讲述自己的故事来促进孩子的心智成长，也是亲子沟通比较有效的模式。故事结合我们自己的职场，会让你尽早地了解不同的职场环境、进而认识社会，从而增强你对未来的预见性。

答疑解惑

1. 有这样一个案例：

"今天的事情不能就这么简单了事。第一，你平时的学习习惯就不是很好，拖泥带水，遗留问题不及时解决；第二，你的学习方法是否有效你应该比我更清楚；第三，你最近的精神状态恐怕也是导致这次考试失利的一个重要原因；第四，……总之，学习是你自己的事，要有计划，要懂得珍惜优越的学习条件，否则将来进入社会你就会懊悔今天的所作所为……"妈妈侃侃而谈。

小丹耐心地把妈妈的话听完，对妈妈说："妈妈，我不是您的下属，您可不可以不用这种命令式的口气跟我说话。您现在是我的妈妈，不是我的领导。"说完噘起嘴给妈妈一个大后背。

"你不要挑我的不是，我觉得我说得没错，妈妈认为在这些问题上你做得就是不到位，你要虚心接受，有了错误就要老老实实去改。"

"我并没说我没有错，我也同意您的话，但是我是您的女儿——我再强调一遍，您这种口气哪还像个妈呀！"小丹说完气呼呼地走进卧室，"砰"的一声关上了门。

"我的语气不像个妈妈吗？我就是站在家长的角度分析孩子的学习状况呀。"小丹的一句话触动了妈妈，妈妈陷入了沉思。

这个案例带来了一个疑问：职业角色和家庭角色如何才不会混淆呢？

答：的确，有时候我觉得自己在职场中光芒四射，也许我真的是那个团队的领头羊，也许当我的工作环境离开我之后真的会天崩地裂。但有时候我也会感觉到我在工作中一无是处，也许我就是那个——办公室锁门的都不会看我在不在屋子里的那个人。但是在家里，我是你的妈妈，工作带给我的酸甜苦辣，我觉得我应该自行消化。

如果把工作的角色和家庭的角色混淆，就会变成这个样子：当你想和我沟通情感的时候，我会跟你进行一番说教；当你想和我撒娇的时候，我跟你树立规则；当你想得到安慰的时候，我给你一顿打击。因为在工作中我就是这么和领导、同事、下属交流的。我以为我是在锻炼你，培养你。

但是这里是家，你需要的是我的爱，需要我的关注，需要我听你的故事。如果想锻炼你，我会带你去我的工作世界，而不是把我的工作世界带回家。我总在提醒自己，家是一个讲爱的地方，同样需要精心地呵护和经营。工作中处处都有无奈，也总会碰到令人感到郁闷的事情，也许在单位我会和同事们相互发发牢骚，也许在没人的地方我会破口大骂。但是在家里我不应该再这么颓废，因为你时时刻刻在注意着我，你能感受到我的处境，也同样可能模仿我处理问题的方法。所以为了你、为了这个家，我一定不能混淆角色。

2. 爸妈对你最好的职业支持就是帮你安排好工作吗？

答：印度电影《三傻大闹宝莱坞》中的一个人物，法汉，在他出生的第二天，他的父亲就自豪地向亲友宣布："我的儿子将是一名工程师——法汉·库雷希技术工程师。"如法汉自己所说，从此，他的命运之戳就此盖下。

虽然电影的结尾让我们看到了一个梦想成真的故事，但现实中更多的是职业被安排带来的无奈，最终应验了那句老话"富不过三代"。从职业选择的角度来看，如果你不喜欢或者对我从事的行业完全没有兴趣，硬是让你来接手，可能结果不会太好。你不仅会因为一直在做自己不想做的事情而苦恼，同时又因为主观不想做而导致事情结果不够理想。这种不够理想的结果进一步导致你对自己行为的愧疚加深。也许在双重痛苦的折磨下你能痛定思痛、触底反弹、发愤图强，在这个岗位干得不错，但是这终究不是你喜欢的职业，你对工作的满意度和自我的认可度不会太高。很有可能在这种无奈下慢慢失去了对自我和未知的探索，整天浑浑度日，得过且过。

所以我时刻提醒自己：我要做的就是把你当作一个独立个体，用我自己的人生经验帮助你成长，让你成为自己想成为的那个人，既不需要你来完成我未完成的梦想，也不需要你来延续我的追求，更不需要让你为我的社会角色添砖加瓦、装点门面。

Ⅱ 我爱你，所以我信你

好的信念成就好的教育。 ——作者

古往今来，关于信念的故事不计其数。

鲁西南深处有一个小村庄叫"姜村"，每年都有几个人考上大学、硕士、博士，被当地人自豪地称为大学村。"姜村"之所以这么牛，据说是二十多年前，来了一位50多岁的老师。他待了一段时间以后，村里就开始流传：这位老师能掐会算，能预测孩子的前程。孩子们回家跟爸妈说：

老师说，我将来能成为作家！

老师说，我将来能成为音乐家！

老师说，我将来能成为钱学森那样的人！

爸妈们发现，他们的孩子与以前大不一样了。他们变得懂事而好学，好像真的都是未来的科学家、作家和音乐家了。家长们很纳闷又很惊喜，我的孩子怎么突然就有出息了呢？难道这个老师真的可以预测未来、道破天机？几年过去了，奇迹真的发生了！大部分孩子都以优异的成绩考上大学，这在过去的"姜村"是想都不敢想的。这位老教师年龄大了，回城了，但他把预测的方法教给了接任的老师，老师们继续给村里的学生们预测着……

孩子，当你看到这里想必也知道了吧，"姜村"的老师们哪里是会算命呢？他们只是让孩子们看到了自己未来想要成为的样子，并对自己充满信心，向着教师"预言"的"未来"去努力。当然，"姜村"的孩子们也是幸运的。赞美、信任和期待具有神奇的能量，它能改变人的行为，变得自信、自尊。

　　也许你很难遇到一个"姜村的教师"去预测你的前程，但爸妈一定会是无怨无悔陪伴你去奔前程的人。爸妈对你的确信，是无价之宝。

　　　　我已经把我所能做的都给了孩子，我还会不断继续寻求更好的；

　　　　我的孩子是独特的，我永远信任我的孩子；

　　　　孩子是我的"镜子"，我好，孩子才能好。

关键词：影响

我的教育信念对你的影响是如此深远

　　信念的力量是巨大的。每一位家长在孩子成长成才的过程中，必有属于自己的教育信念。如果确立了正确的教育信念，势必要确信它、笃定它、遵循它。当然，现实中的爸妈不是完美的，他们可能会出现以下几种情况：

　　第一类，**"关心型"**。关心型可分为过度保护和过度要求。

第一种，过度保护。处在这个状态的父母对孩子真的是"含在嘴里怕化了，捧在手里怕飞了"的状态，表现出极度地关心孩子。如果我是这样的，当你想跟同学一起参加毕业聚会时，我可能就会问好多问题：哪些人一起？不同时间段你们都要干吗？要这么多零花钱干什么？打算买什么东西？去哪里买？干吗不买别的？买那个东西值不值？然后……孩子可能就不打算参加聚会了，问得太烦了，去了说不定也是一个接一个的电话轰炸。

最近，一些私立幼儿园的招生噱头就是"让家长全程跟踪了解孩子在校过程"。学校安装大量监控摄像头，家长可以通过手机远程监控孩子在幼儿园的情况。各种状况百出：

我家孩子为什么老坐在那个角落？

我家孩子为什么没有表演机会？

孩子的衣服好像没有穿够！

他摔倒了怎么没有人管？

他为什么一直哭？

这个状态的我会优先考虑你，毫无保留地满足你的生理需求，却不见得能满足你对爱与自尊的需求，导致漠视你的好奇心，禁止了你的探索行为，由此养成了你的依赖习性，你的行为未必表现出社会认可的行为。所以，如果长此以往，可能导致你日后出现较多的人际交往困难的倾向。

第二种，过度要求。给你设立非常高的标准，要求你无条件地服从，并强制执行严格的规章制度，要求孩子必须事事完美，如果达不到标准就不会获得认可。一个我曾经的来询者，他觉得自己从来不会令父母满意，小时候考了 80 分，爸妈会说为什么不是 90 分？考了 90 分会问那 10 分怎么丢了？大学毕业考上了研究生也不开心，因为考上的不是双一流的大学。他永远活在父母更高的要求里，他知道父母是为了自己好，但是自己觉得很辛苦。

处在这个模式下的我对于你需求的满足往往附加某些条件，也就是当你表现出顺从的行为，或表现出我认可的成就行为时，其生理需求或爱的需求才能得到满足，在我的高标准、严要求下长大的你会变成完美主义者。你会为表现得不够完美而焦虑，因而在作职业选择时较为困难。

这样的老妈，你一定不会喜欢吧？那，我还有可能是这样的：

第二类，"**逃避型**"。逃避的程度可以从忽略到拒绝。

第一种，忽略。处在这个状态的我总是忽视你的要求，给予你的爱非常少。我会忘记对你作出的承诺，只关心自己的事情，我会表现得很冷漠，甚至都不会去贬低或者敌视你，从一开始就认为你是独立的个体，不会跟你拴在一起，长此以往你也觉得理所当然。

就如现在一些家庭的现状一样：白天各自上班，晚上一起下个馆子，然后回家爸爸看股票，妈妈看论文、辅导孩子写作业，大家各忙各的，互不干涉。在这样的环境下长大的孩子相对没有亲情的牵挂，也认可人都是独立的。父母也觉得将来不需要你照顾，你自己活好就成。这类的孩子独

立性很强，但社会性偏低。

第二种，拒绝。处在这个状态的我会拒绝你的幼稚和天真，根本无视你当下的需求。或者完全拒绝你，我会显得冷漠而敌对，甚至贬低你、嘲笑你，甚至处罚或者批评你，我设立规则是为了保护我不受你的侵扰，而不是为了你。处在这个阶段的我表现出来的严厉，并不是为了教育，更多的是为了发泄自己的情绪和不满。如此严厉地对你是一种深深的伤害，导致你得到满足的经验都是痛苦的，即不论生理需要还是安全需要的满足都会有所欠缺，更谈不上高级需要的满足。长此以往你会害怕和他人相处，宁可在自己的工作岗位上靠自己的努力满足自己的需求。

当然以上两种状态的我，是我最不想见到的自己。

第三类，"**接纳型**"。接纳的程度可以分为随意和慈爱。

第一种，随意。处在这个状态的我能够适度地爱你，我的态度让你感觉到自由、放纵、任其发展的风格。这个不同于之前的"忽略"状态下的我，那种状态的我是只考虑自己，而"随意"状态下的我是开始考虑你的感受，但不过度地强加自己的意愿。

我会给你设定必要的底线：

弯腰时蹲下，不要撅屁股；

吃东西不要发出声音；

到别人家做客，不能乱翻东西；

不要暴饮暴食；

要真诚地感谢他人提供的帮助；

未经别人同意，不要翻看别人的手机或电脑；

晚上十一点之前必须回家。

只要不触及这些非常明确的做人做事的底线，你想干什么都可以，总之要对自己的行为负责，自己能够把自己经营好，我没有太多的奢望和诉求。我能够尊重你的个性，给你设定的自由度更广。

第二种，慈爱。这个状态下的我更懂得温暖和关爱，会非常关心你，但不会侵犯你的隐私，会对你讲道理，而不会惩罚你。当下的我不仅能够满足你的需求，同时也会鼓励、支持你发展独特性，即爱与规则同在。这会让我们的家庭氛围大体上是温暖、民主的，长此以往，你各类层次的需求都不会缺乏，长大之后也能作独立的选择。

总之，童年的经验与职业选择极大相关。每一个家庭对于子女的养育方式都不尽相同，养育方式上的差异，致使个人各种心理需求的满足方式与程度也会有层次上的区别。如果小时候生活的环境充满温暖、爱、接纳或保护的氛围，你可能会选择与人有关的职业，包括服务、商业、文化、艺术与娱乐或行政（商业组织）等一类的职业；如果小时候生活在一个冷漠、忽略、拒绝或适度要求的家庭中，你可能会选择科技、户外活动一类的职业，因为这些职业的研究范围是以事物和观念为主，不太需要与人有直接、频繁的接触。

综上可知，我的教育信念对你的职业选择会有重要影响。

俗话说，家长正儿女易行善，家长邪儿女易行恶；家长民主儿女生平等之心，家长独断儿女生专行之念；家长仁慈儿女博爱，家长暴戾儿女残忍。孟母三迁，岳母刺字，"近朱者赤，近墨者黑"等经典案例充分表明了家长的素养、家庭的环境与人一生的教养息息相关。

世界上没有任何一种教育制度是完美的。目前，中国教育中的问题不少，政府、社会舆论也都在不断反省、期待改善，家长们对传统的应试教育更是一片声讨之声。的确，国外的教育在理念上、方法上有一些先进的元素值得学习。而在老妈看来，作为家长更应该补上家庭教育这一课：家长们应当首先从改变自己入手。当老妈明白了自己的职责，树立了正确的培育观念，才能真正懂得如何助你成人成才。

在此，我们一起看看关于教育信念的几个经典案例。

关键词：关怀

给孩子一个华丽的转身

在很小的时候，小杨的父母就离异了，他和父亲一起生活。父亲是个生意人，应酬多，经常半夜归家，早上很早就离开家门，父子一周可能见不了几次面，就连给生活费基本上都是用支付宝转账；母亲再嫁，自从生了一个妹妹后，便很少关注他了。

父亲的教育理念是男孩子要"放养"，让他自由发展，什么都不干涉，给钱就是最大的爱。在父亲的"放养"下，小杨从小学到初中，都是一个性格暴躁、不思进取、不近人情、骄傲放纵的富家子弟。

后来老师和小杨的父亲进行了几次深入的沟通，把小杨在校的表现作了详细的讲述。父亲很是震惊，他从没想过孩子已经变成了这样。在进一步的交谈中，父亲意识到造成孩子目前状况的大部分责任在于自己，是自己忽略了对孩子的关爱，自己并没有尽到一个父亲的责任，于是他决定改变这种状况。

从那以后，小杨的父亲减少了应酬，尽量每周抽出一天的时间陪孩子谈心，空闲时间给孩子打电话，关心孩子的学习和生活。起初，小杨有点抗拒，但在他逐渐感受到了父亲的爱之后，开始慢慢接纳父亲，和父亲变得亲密起来。他一改以往的坏脾气，和老师、同学打成一片。现在小杨是一名高三学生，并担任班长，在同学眼中，他是一个平易近人、乐于助人的男生；在老师眼中，他是一位认真负责、有担当的好帮手。现在的他成绩优异，只要继续保持，考上一所重点大学是必然的事……

用小杨自己的话说，他的改变缘于父亲的改变，父亲从一味的放养式教育转变成有意识的引导式教育，并进行有效的亲子沟通，从而使自己实现了从差生到优生的华丽转身。

关键词：适合

爱的撤回，我们带给孩子的是什么?

　　路过小区的健身设备旁，十几个孩子正在开心地玩耍着，虽然童年离我已经很遥远，但这情景，却令我有些羡慕。我驻足欣赏这片充满童真的景象。此时正是晚饭时间，他们的父母打算带各自的孩子回家吃晚饭，可孩子们玩得正高兴，哪里肯回家。

　　正准备离开的我，突然变得饶有兴趣起来，我想看看这些父母如何让自己的孩子心甘情愿地回家呢？因为这个年龄阶段的孩子，还处于自律的发展阶段。有些年龄更小的孩子还处于儿童道德判断中的最低一级——自我中心阶段，也就是说，完全以自我为中心，不理外界的规则，更不用说是父母的要求了。越想越兴奋的我，找了一条长椅坐了下来，在旁边仔细观察。两对家长的态度让我陷入了

思考。

一对夫妇走到孩子身边要求孩子回家，孩子闹着要再玩会儿，那可爱的脸庞，怎忍心拒绝呢。让我吃惊的是，这对夫妇很直接、很生气。爸爸更是气得面红耳赤，说道："你再不回去，爸爸妈妈就不要你了，你就自己在这里玩吧。"这时，孩子害怕了，十分委屈，然后哭了，不过这对夫妇还是成功地把孩子领回了家。

而另一对夫妇却说道，你答应了爸爸妈妈的，对吧？玩到吃饭之前哦，咱们一定要说话算数，对不对？上次爸妈答应了你，周末带你去游乐园，你看爸爸都放弃了加班，对吧？咱们是一样的，对吧？走吧，看爸妈为你做的饭菜，都是你最爱吃的。于是孩子高兴地回家了。我想孩子虽小，心中也是充满了无尽的感激吧，这一家子回家的背影真是幸福啊！

这两对夫妇截然不同的反应和处理方法让我思考了很久。第一对夫妇那种近似霸道的教育方式，那一句刺心的话——爸爸妈妈不要你了，这句可怕的"爱的撤回"，一定给孩子留下了很深的阴影，孩子那么小，能接受这样的话语吗？而这种伤害是这对夫妇无法理解和无法估量的。而相反，第二对夫妇的做法让我很是敬佩，他们从小就培养孩子说话算数的习惯，在现今看来是多么可贵的诚信品质啊，他们用最适合这种年龄段孩子的教育方法去要求孩子做他应该做的事情，做他答应做到的事情。我想这孩子长大以后不仅是一个说话算数的人，也一定是一个十分孝顺的孩子。父母的很多有效的教育信念会给孩子产生深远的影响。

关键词：记录

跟孩子一起绘制成长轨迹

　　一位父亲采用跟孩子一起绘制成长轨迹的方式传递他的教育信念，帮助孩子梳理成长中的关键节点。他是这样启发孩子小程的：

　　① 设想一下，你最终会成为一个怎样的人？后续的人生又是怎样的？我们一起绘制一个成长阶梯，将最低阶梯作为你的起点，将最高阶梯作为你的最大成就。

　　② 在阶梯中找到你现在的年龄点，并标注出来。

　　③ 回顾过往历程，寻找在你身上发生的重大事件，写下两三个你认为对你的发展起到积极或者消极影响的事件，并标出当时的年龄。

　　④ 思考一下这些事件对你发展的影响。

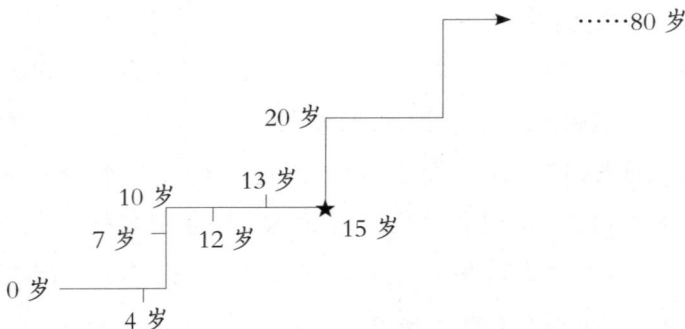

小程的成长轨迹图

4岁，我上幼稚园，有一次参加运动会的跑步项目，途中鞋带松了，重重地摔倒在地，擦破了膝盖，我没有坐在地上大哭，也没有放弃比赛。我回头望了望其他同学，咬牙忍痛站起来，不顾膝盖的伤继续奔跑，最终取得了好成绩。通过这次活动我发现自己有坚持不懈、永不言败的精神以及做事有始有终的优秀品质。于是我更加愿意钻研奥数题，培养自己思考问题的习惯，再后来，我获得了和奥数相关的荣誉。

7岁，我结交了新朋友，和老朋友们相处的时间少了，他们渐渐开始疏远我，并在一些问题上开始针对我，给我带来了不少困扰。虽然后面经过老师的调解，我们和解了，但是关系并没有恢复到以前那样。这让我觉得人与人之间的关系是很脆弱的，需要小心维护。为了让我感受到社交的乐趣，爸妈让我挑了些我喜欢的、有关人际交往方面的书来阅读，并经常带我出去和他人交流，培养我的交际能力。

12岁，我担任班长，有一次组织班上同学到新华书店做志愿者，协助书店售书。这次活动组织得很成功，很好地锻炼了我的组织与协调能力，现在的我也很愿意去组织一些活动，家里人出去玩，爸妈都会尽量让我来进行策划。另外，我现在也很喜欢阅读，只要是有益的书，我想看的，爸妈都会表示支持，我已经阅读了不少经典名著，既扩大了我的知识面，也深得老师喜欢。

13岁，我的小学数学成绩虽然算不上拔尖，但在中上水平。刚上初一的时候，觉得数学突然难了很多，第一次单元测验竟然没有及格。从小到大，第一次出现这种情况！这对我打击很大，关键是我平时已经十分努力了，我很失望。直到现在，我都觉得那是一段不堪回首的过去。在我压力大的时候，爸妈给了我很多鼓励，帮助我渡过难关。

生涯不是一个静态的概念，而是一个动态的历程。由于每个人的遗传基因、家庭背景、社会经历等的不同，每个人的生涯也千差万别。而我要做的，就是在你遇到重大事情的时候合理分析，引导你更好地发展。

关键词：标签
我的教育信念与你未来的职业选择

我的教育信念还有可能直接影响你未来的职业发展。因为，在你的青少年时期，生涯教育的主导力量是家庭，是父母。具有不同教育信念的家庭会影响其孩子作出不同的职业发展方向的选择。由于家庭教育信念不同以及教育方式的不同，你可能作出五种不同的职业选择。

学习型的我

通过学习，与时俱进，改善教育你的方式。这个类型的我知道你我童年时所生活的时代差异巨大，不是用自己脑子里陈旧的观念来教育现在的你，而是虚心学习，不断提高，深入了解你喜欢的东西，探究你喜欢的原因，和你共同进步。避免我因不理解你的喜好，而产生简单压制、粗暴禁止的尴

尴局面。通常，这个类型的我培养出来的你学习能力强，能较快接受新鲜事物。适合从事研究性、创新性等需要大量思考的职业。

民主型的我

这个类型的我对你是高度关怀和中等程度的行为控制。我对你既不娇惯，也不过于严厉；对你的期望与你自己的要求和能力相一致，既高度重视你自主性的发展和自我管理，坚持自己的正确原则，又重视我们之间的双向交流，能听取与接受你的意见。这个类型的我培养出来的你，未来很有可能是一个有主见、善于创新的人才。适合从事创新性、技术性等具有较高科技含量的职业。

专制型的我

这个类型的我倾向于低度的关怀和高度的控制，特别看重你的服从性。对你缺少慈爱、关怀和同情，把你当作自己的附属物或私有财产，常用命令、苛求、禁止等粗暴的态度，把自己的意志强加给你，迫使你服从，很少采用温和劝说和表扬等方式与你沟通；很少鼓励你独立、自主地完成一件事，凡事不容商量和置疑，经常向你施加惩罚。我们之间的关系通常比较疏远，你常感觉自己在家中毫无地位，不被理解，内心充斥着对我的不满，不愿意与我进行思想交流。那么，这个类型下的我培养出来的你很有可能是一个随大流、没有主见、容易听信他人的人。适合从事一些技术含量低、不需要过多思考的职业。

溺爱型的我

这个类型的我常以一种接受、和蔼甚至有些顺从的方式对待你。我较少对你提出要求，你具有高度的按照自己意愿行动的自由。我对你的溺爱行为主要表现在两个方面：一是过分迁就庇护，往往因爱子心切，一味迁就，满足你的一切欲望，从不违背你的意愿。这时的我几乎看不到你的缺点，总拿你的长处与别人的短处比，放松对你的思想道德教育，对你偏袒护短，娇惯纵容。二是过分保护，我总把你看成幼小无知、处处需要照顾的弱小生命，生怕你遇到不幸，对你的生活过分干涉，对你的衣食住行样样包办代劳。那么，这个类型的我培养出来的你很可能是一个专横独断的人，对外界敏感，行事高调，但又往往经不起失败。适合从事艺术型职业。

忽视型的我

这个类型的我总是对你采取放任的态度。对你没有明确的要求，几乎很少与你一起活动，甚至对你置之不理；对你的活动和去向知道得很少，对你在学校或与朋友一起时的经历也知之甚少；很少专门花时间与你谈心，作决策时很少考虑你的意见；很少关心你的需求，很少注意培养你的良好品质与行为习惯；对你的奖罚往往凭自己的心情或兴致；对你的表现不重视，视若无睹，甚至对你的问题行为，如撒谎、逃学、作弊、抽烟、喝酒、打架、赌博等，不管不教，放任自流。那么，这个类型的我培养出来的你很可能是一个冷酷无情、不懂得人情世故、自身又缺乏安全感的人。适合从事一些不用与人打交道的机械性、重复性比较高的职业。

当然在一般情况下，只是某一种特性在我身上表现得更为突出，而其他类型在特定情况下也会偶尔出现。作为父母对自己的教育信念进行这样的分类，将有益于反思自己的教育信念在过去、现在、未来对孩子的生涯的影响程度。

答疑解惑

1. 当家长表扬孩子好的行为时，他会感到骄傲；批评不好的行为时，他会难过。家长如何拿捏表扬与批评的尺度？

答：在我看来，我不是要通过表扬与批评把你敲敲打打成我心目中的理想小孩，因为你是活生生的、有思想、有能力的鲜活的个体。表扬和批评时，我都要做到情绪稳定、有理有据、就事论事，要坚持一个原则——有规则地爱你。

表扬不是为了皆大欢喜、毫无底线，而是通过表扬你、肯定你的优点，实现对你的激励。表扬不是虚伪地泛泛而谈："你真棒！你是最厉害的！"而是要用欣赏和发展的眼光发现你的可贵之处，使你看到自己的闪光点："你今天帮助了考试失利的同学，让她感受到温暖，你有善良的品质！""你的这篇短文太有画面感了，你是怎么做到的？"如果表扬你的时候，能具体说出你好在哪里，就是一次有效的表扬。

批评不是劈头盖脸、漠视尊严地责骂，而是要让你了解为什么对为什么错，引导你独立思考，从而合理地认识问题、解决问题。即使老妈严厉地批评了你，你也应坚信：我犯了再大的错，我的爸妈依然会爱我！那我的批评就是有效的批评。

2. 孩子犯错时，家长特别容易愤怒，这种习惯要改吗？

答：这个问题要辩证地看。在孩子犯错时，适当地表达愤怒情绪，是一种必要的导向。人的一生中要接受三方面教育，即家庭教育、学校教育和社会教育。家庭教育作为个体接受教育最早、影响时间最长的一种基本形式，在孩子的成长过程中起着十分重要的作用，是学校教育不可替代的。

如果是老妈遇到这种情况，首先，我要接受你犯错的事实，犯错是难以避免甚至是经常发生的事，所以我要告诉自己不必过分担忧。其次，适当地表达愤怒情绪，不仅可以消除自己的压抑感，还能给你传递一个是非判断的信号。所以在你犯错时，我一定会注意适当表达我的情绪，不能对你有情绪失控性的指责，也不能置之不理，这样才能让你在犯错后得到成长。

3. 我是一名大一学生的家长，我觉得生涯教育主要是学校老师的任务，家长的教育是不是就没那么必要了呢？

答：肯定不是。客观地说，生涯教育的主要承担者还是父母。因为家长是孩子的第一任老师，也是最重要的老师，所以生涯教育的最主要引导者一定是家长。而现状是，中国家长在这方面的知识比较欠缺，家教是什么？是家长对孩子的言传身教，往往体现在非智力因素方面。比如感恩、尊重别人、基本的规矩等，其实就是让孩子成为一个合格的社会人。但遗憾的是，家长们对此的重视程度还远远不够，也缺乏正确的教育理念。一谈到家教，就变成了花钱请老师教文化课，而不是家长的身体力行。中国家长在孩子的教育上很舍得花钱，甚至不惜砸锅卖铁，却忽略了自己的责任与付出。所以我认为，孩子将来成为一个什么样的人，在某种程度上，首先取决于父母。

Ⅲ 世界怎么变？我们如何追？

> 预则立，谁都想拥有预知未来的能力。想要把握未来，
> 首先要了解当下。　　　　　　　　　　　　——作者

生活和工作中具备未来视野的人往往幸福指数较高、成功体验较多、自我效能感较高。究其原因，是因为这类人趋利避害的水平高。

想一想 20 世纪 80 年代末投资店铺的，90 年代末投资买房的，20 世纪初钻研互联网的，就现在来看，他们的生活质量都不错。试想一个不具备未来视野的家长会如何影响孩子的成长呢？如果我现在还期望你以后拥有稳定优秀的工作是依靠所谓的体制内的编制，那就有点危险了。也许 10 年后的现在，也就是 2028 年，你进入了体制内工作，但很可能在 2038 年，在你事业上升的黄金期，也是因孩子教育、老人养老等问题家庭支出最高峰的时候，体制内的编制会受到前所未有的冲击，甚至会不复存在。医生、老师，甚至公务员都不再是铁饭碗，考核不合格就"下岗"的竞争体制也许真的就来了。

当然，未来的问题留给未来的我们去解决，如何具备洞察未来的能力才是当下最重要的，现在我们先来了解几个高

频词汇。

全新思维引领未来

  2017 年初，作为人类代表的柯洁在围棋赛场上败给了阿尔法狗，这给全人类都敲了一个警钟。虽然这个结局在很多人的意料之中，但是阿尔法狗智能化的表现让人觉得震惊。科技的飞速发展与进步，不禁让人思考：人类被机器人取代的一天是否会提前到来？当阿尔法狗先后击败李世石、柯洁两位围棋大师，并在网络上以 Master 的伪装身份击败了几乎所有围棋高手的时候，我们是不是也该深思，人工智能或许是个伪命题？因为人工智能已经不再是人类所控制的技术和工具，而是一种可以代替人类进行工作的东西。

  我们正经历着信息时代的飞速发展，随着人工智能的高

速发展，大量的人类工作被替代，在美国，大批的报纸已经由人工智能来编辑日常新闻报道；在中国，招商银行的投资顾问由所谓的"摩羯智投"来担任。在短期内，越来越多的机械性、低技术含量的工作将会被取代，让位给那些不知疲倦，从不罢工的人工智能。一场巨大的变革正在世界各地悄然发生，未来的你将会面临各种危机。

未来究竟会变成什么样子？我们无从得知，但是我们可以判定的是，未来必然是一个高度智能化的时代。未来属于另外一种人，他们会减少重复性劳动，更富创造力和创新思维。所以，我们需要用羚羊求生的奋斗精神去提高我们的智能水平，努力让自己成为不易被淘汰的人，否则一定会被智能化击垮。

回想过去到现在的许多年，成功属于这一类人——电脑程序员、律师、MBA……。但是，今天的世界正在经历翻天覆地的变化，经济和社会正在从信息时代（Information Age）向概念时代（Conceptual Age）转变。在这一转变过程中，许多职业将濒临消失，如记者、银行柜员、司机、装配车间工人、模特、各种小商品制造者、个体商户等。

老妈的职业是教师，这个曾经的"铁饭碗"职业也受到不小的冲击。老妈在课堂上讲的知识，学生能快速通过网络搜索到，甚至比我的信息量还大。所以老妈开拓了不少受学生欢迎的传授方式，例如，在直播平台——"千聊"上开设直播间，进行专题授课，学生可以在线互动，随时跟课、随时复习；设立个性化的微信公众号，推出网上生涯咨询、团队辅导项目，为有需要的人提供更加便捷有效的服务等。

如今我们都处在信息瞬息万变的自媒体时代，处在这个时代的青少年在未来将会面临什么样的挑战，我们无法想象，但我们一定需要以一种全新的思维来面对。

关键词：右脑思维
我的右脑苏醒了吗？

老妈的微信名字叫"右脑"，那是为了迎接"右脑"时代的到来！在过去，左脑就像司机，而右脑就像乘客，司机决定着我们所要前往的方向。而现在情况发生了变化，右脑慢慢苏醒了，突然掌握了方向盘，掌控着油门，决定着未来我们将要去哪里以及怎样去。左脑所代表的顺序、逻辑和分析能力今天仍然需要，它可以通过一些显性的测试表现出来，但是却不能完全满足我们的需求。在物质丰富和自动化盛行的时代，右脑所体现的美感、精神和情感的重要性也逐渐凸显。未来社会被取代的是人类的可重复性、线性的劳动，所以对于个人、家庭乃至社会来说，职业上的成功和个人理想的实现都要求我们有一种全新的思维，一种能够在未来真正具有核心竞争力的思维，即右脑思维。

右脑思维时代的到来标志着社会形态将从"需求社会"

向"丰裕社会"过渡，生产方式从数字化向体验化转变，从科技向情感转变。从生存哲学的角度来看，社会将从传统的西方形而上学回归到东方审美主义，从理性主义回归到感性主义。而在生活方式上，将从高效率转向满足感，从功能转向美感，从有用转向娱乐……而这些，正是右脑所擅长的。

那么，在这个即将到来的以右脑思维主导的社会，未来世界的主人翁需要怎么样去适应呢？

著名未来学家丹尼尔·平克说，未来必须具备六种技能：设计感、娱乐感、意义感、故事力、整合力、共情力。我们可以这样理解，将来活得很好的人应该是这样的：生活有品位，能讲故事，可以跨界，有自己独立的追求。也就是说，未来是那些跨领域型人才、故事型人才、创意型人才的天下。

如果在 20 世纪 90 年代，老妈可能建议你选择从事公务员、律师、银行柜员和教师等职业。因为有一技之长，有组织作后盾，自然能获得安全感。而近些年，我会鼓励你去读生物工程、化学、物流和计算机工程。但是在未来的 30 年内，社会中最核心、最优秀的一群人，必定是擅长使用右脑思维思考的人。他们有掌握高概念和高感性的能力，即创造艺术和情感美的能力，发现格调和机遇的能力，构思令人满意的故事的能力，把看似互不关联的东西组合出新奇发明的能力，有共情感知的能力，探寻个人内心快乐的能力，跳出框架追寻目的和意义的能力。

关键词：学习

作为家长，我如何获得未来视野？

接纳新鲜的事物

首先，要保持一颗对未知充满崇敬的好奇心。20年前（1998年）很多人觉得移动电话很奢侈，不可能每个人都有，10年前（2008年）手机基本普及，但大家觉得智能电话太奢侈，能打电话发短信就行，而今天（2018年）大家都在考虑买什么配置的手机，注重手机功能配置。银行理财产品、网络支付平台、滴滴打车等已然成为目前生活的一部分。如果我还在拒绝使用智能手机，把钱只放在银行存定期，不接受网络支付，那么，我正在和这个高速发展的社会脱节，也将导致我在不知不觉中断绝了和你的沟通。

其次，要理性地尝试新鲜的事物。"认为新鲜事物是不错但是自己从来不碰"是没有意义的。对新鲜事物的实践也是一种变相的学习，凡是学习绝对会遇到不适应甚至是困难，克服这些困难的过程无形中塑造了我们坚韧的品质，进而也能让孩子们受到启发，当然接触了新鲜的事物才能够更了解当下，从而看得更远。

尽可能储备更多的知识

在你的成长过程中，我扮演着不可或缺的角色，我应该保持着"活到老，学到老"的心态去不断充实自己的知识，扩展自己的视野，始终保持一种"持证上岗"的状态，即拥有渊博的知识去教育你。俞敏洪（新东方教育集团创始人，英语教学与管理专家，担任新东方教育集团董事长、洪泰基金联合创始人、中国青年企业家协会副会长、中华全国青年联合会委员），作为一位参加多次高考却永不言败，遭受学校辞退，面临失业挑战，进而自己创办教育培训机构的一个成功创业者来说，在教育领域，他是极具发言权的。我在教育你的过程中，要不断汲取这些优秀教育者的"营养"，不断学习，加以升华，进而引导你不断成长。

　　"大多数的中国父母都希望自己的孩子生出来就是个天才，并且朝着天才的方向来培养，要孩子学音乐、学艺术、学绘画，还要孩子语文、数学、英语一门不少都变成所有同学中间最好的。相对而言，国外的父母更加关注孩子的健康成长，他们很少把孩子当作一个成功人士来培养，他们认为成功不成功其实在于孩子的天资，让他自然发挥就行了。我觉得在座的父母要放弃对孩子不合理的期望，只要能够确保孩子身心健康，即使是全班最后一名也依然能快乐成长。"

　　——俞敏洪（来源于《家长的视野与孩子的未来》，搜狐教育）

　　当然在教育的过程中，仅仅具有教育知识是远远不够的，我还需要懂得亲子教育的知识，了解、学习区别对待孩子各个发展阶段的规律和特征，并用不同的方法进行教育。根据儿童发展的不均衡性，教育中应注意身心发展的"关键期"，善于根据身心发展的最佳时期进行教育，以促进你获得更好的发展。比如2~3岁是学习口语的关键年龄，4~5岁是开始学习书面语言的关键时期。在这样的"关键期"，对个体某一方面的训练可以获得最佳成效，并能充分发挥个体在这一方面的潜能。不会一味跟着自己的节奏引导你，也需要根据你的特点、你的反应来开展亲子教育活动。

在这个信息瞬息万变的自媒体时代，在这个高度关联、无孔不入的智能化世界，理论和技术日益成熟，应用领域也不断扩大，越来越多的知识已经可以通过互联网直接获得。我应该利用好身边的一切资源进一步扩充自己的知识储备。

培养敏锐的触觉

"明天，如果你赢了，你将不再孤单，无数个女孩将跟你联合起来，反抗那些歧视女性的人，反抗只能做家务事，反抗从小就开始订婚。明天，你的对手不是安杰丽娜，你是在跟所有歧视女性的人战斗！"

——马哈维亚·辛格·珀尕

我作为你最亲近的人、第一任老师、路途风向标的引导者，在你的成长过程中，注重观察你，尽力发现你的闪光点，然后以正确的方法进行引导，成就你的非凡之路。热播的电影《摔跤吧！爸爸》，讲述了印度国家摔跤冠军马哈维亚·辛格的故事，他被迫放弃了最爱的摔跤事业，希望自己能够有个儿子可以帮他完成梦想——为印度赢得世界级金牌。不料命运捉弄，他生了四个女儿，一次偶然的机会他发现自己的女儿有摔跤的天赋，便开始教她们，努力使女儿成为世界级的摔跤手。做一名世界闻名的摔跤手，这是父亲马哈维亚替女儿作出的决定，就算开始有反抗，就算有质疑，最终大女儿还是进入英联邦摔跤赛场并夺得了世界冠军。

最初，男孩才是马哈维亚冠军梦想的最好载体，但当马哈维亚发现了女儿摔跤的非凡天赋，便开始了严酷的训练：晨起、跑步、穿短裤和衬衣、剪掉长长的头发。他及时转换思路，把女儿看成希望。他的梦想在女儿身上得以实现之后，他才放下教练的威仪，以一个父亲的身份为女儿感到骄傲。

对于两个女儿来说，马哈维亚不仅是摔跤事业的指导者，更是她们人生的职业生涯规划师。父亲马哈维亚心里很清楚，两个女儿只有走上摔跤这条道路，才不会沦为这个国度传统重男轻女思想的附属品，才能真正拥有属于自己的精彩人生。影片中有这样一段对话：

侄子：叔叔的梦想最终还是实现了！现在大家可以放松一下了。

马哈维亚：不行，我的梦想还没有实现。每一年都拿一次全国冠军，我的梦想就会实现，你赢得金牌，不是为你自己，要为你的祖国。今天你可以庆祝一下，从明天开始我们要作长远的准备了……

马哈维亚发现了孩子身上的闪光点，为孩子制定了未来的职业目标。因为他有自身成长的经验，可以为孩子提供一条正确的职业生涯路；因为他有相关职业的知识储备，可以不断地为孩子指明方向。正是因为马哈维亚发现了女儿摔跤的天赋，对两个孩子有了系统的规划，训练出了女儿卓越的摔跤技能，并为女儿找到了人生的方向，一步一步从小镇走向城市，由城市走向国际，才成就了新一代的世界摔跤冠军。

这种敏锐的触觉需要父母对某种行业有较高的认知，对具体职业在社会发展过程中的价值体现有明确的预判，同时也要对孩子有深入的了解。将两者加以结合，就可以因材施教，正向地引导孩子走上成功的道路。

从你的身上探索未来

作为家长，在获得未来视野的过程中，最容易出现的问题就是不考虑你自身的天性和特点，而按照自己的模式对你的未来进行探讨和规划。我认为，要具备良好的未来视野，必须具有前瞻性和预见性，而最终的落脚点都必须回到"你"的身上。

记得在网站上看过一部亲子教育动画短片——《Alike》，这部动画出自巴塞罗那导演 Daniel Martínez Lara 和 Rafa Cano Méndez 之手，看似简单，但韵味深长。目前已经获得了包括西班牙艺术与电影科学学院奖"戈雅奖"在内的 64 项大奖，在海外视频网站上的点击量也已突破千万。

动画主要讲述了在平时的家庭教育中很容易被父母忽视却又容易犯的错误。这部动画，描述了在繁忙的都市生活里，一位父亲正教育他儿子努力学习、认真生活，但是，他没有意识到，自己平日的行为，其实正在一点点扼杀孩子的天性和自我感知这个世界的能力。

天真活泼的孩子在上学路上看见拉小提琴的琴手，对此充满了好奇，学着琴手的样子饶有兴致地拉了起来，却被父亲以上学为由打断了表演；孩子在图纸上将在树下拉小提琴的场景画了下来，却又被父亲以学习为由中断了创作。

长此以往，原本对音乐充满憧憬的孩子兴趣被压抑，渐渐地不再表现出强烈的渴望，他脸上也不再有笑容，取而代之的是忧郁和失望。孩子只是每次在回家路上默默地望向树下的小提琴，五彩斑斓的世界变得灰暗无比。直到有一天拉小提琴的琴手不再出现，孩子脸上满是恐慌和失落。父亲看到这样的情景，陷入了沉思：自己是否在不知不觉之间扼杀孩子的天性，自己是否让孩子失去了感知世界的能力，自己是否未能从孩子自身的兴趣点出发，给他自我发展的空间？经过久久的反思过后，父亲改变以往的教育方式，走到树下，不顾路人疑惑的眼神，学着琴手的样子拉起了小提琴。孩子看见父亲拉小提琴的样子，十分感动，与父亲紧紧地拥抱在一起……

看完故事后，我也在深刻地反思，我是否也正在一点一点地扼杀你对世界的感知力和创造力呢？从以上案例中不难看出，要具有良好的未来视野，从自身的特点出发去探索未来，是不可忽略的环节。故事中孩子对音乐感兴趣，父亲却以学习为由扼杀孩子的天性，将孩子的兴趣抹杀，这对于天真活泼的孩子来说，无疑是残忍的。

如果现在扪心自问，我是否了解你？或许我也回答不出一个所以然来。我们都在不断地发生变化。所以，作为父母，应该从你个人出发，了解你的兴趣和能力，只有真正发现你具备的天赋，放手让你去成就自己的未来，做你成功路上的坚强后盾，具备更开阔的未来视野，才能给你更好的教育。

重视右脑思维的培养

我在前文已经提到，我们正处在一个由左脑思维向右脑思维过渡的时代，未来的社会将是一个右脑思维主导的社会。这就意味着我得以一种全新的思维方式来培养你。

首先，要明白学习外语是锻炼右脑的有效途径。当你学习一门语言时，开动的仅是左脑，学习几门语言才会启动右脑。因为多门外语的学习，给予右脑不同的图像输入，从而让我们的右脑更易被激活，让右脑更发达。

其次，要学会用一种积极思维来思考问题。《育儿本质》一书中有一段话："人的大脑不是为消极的东西而配备的。"用积极思维思考问题，不仅可以让孩子更乐观、健康地面对生活，也是另外一种培养右脑思维的方法。

最后，要重视你的创新思维、创新能力的培养。未来是一个创新思维迸发的时代，很多职业会被淘汰，唯有人的思维不可替代。MOOC可以让很多课堂消失，但师生之间面对面的交流互动、思想碰撞迸发出的火花之美是无与伦比的。

（图片来源：微信文章《父亲的沉思》视频截图）

◇老妈寄语◇

很多家长都希望自己的孩子不要输在起跑线上，而如今，这种观念已经转变为不要让孩子输在视野上。我们处在一个信息爆炸的时代，信息和信息技术渗透到社会的各个方面，让人类生活更加智能化、快速化和开放化。顺应社会潮流，发展信息化产业，是一个国家、民族必须面临的时代课题。

未来的世界将会是怎么样的？今天的孩子在那个时候将会过上怎样的生活？具体会怎样，你我都无从知晓，但有没有这样一种可能性：在未来，每个小孩都不会输在所谓的起跑线上，他们所遵循的是一种全新的游戏规则。今天的家长会让自己的孩子拼命在一个起跑线上往前奔跑，但是其实未来根本就不需要奔跑，只需要在孩子前进的道路上给予正确的方法引导，便可助推孩子走得更远……

答疑解惑

1. 我身处落后贫困地区的家庭，如何才不至于视野受到局限？

答：如果有人说财富与视野成正比，我会毫不犹豫地否定。富甲一方却败家败己的案例很多，寒门出才子的案例也不少。出身贫寒的确会限制眼前的一些景色，但绝不是全封闭的，何况"视野"是靠自己来打开的。

首先，兴趣是开阔眼界的前提。无论在物质上多么捉襟见肘，尽可能地去挖掘和培养你的兴趣，是每一个家庭都力所能及的事情。饱读诗书、广交朋友、举家远足都是很好的办法。

其次，呵护好奇的心灵。当你对从未体验过的事物表现出强烈的兴致，即使父母此时此刻无法满足你的需求，也一定要呵护你那颗神往的心灵，正是那些或大或小的愿望、梦想在逐渐拓展你生命的宽度。未来你将依靠自己的力量去打开广阔的视野。

2. 有哪些适合 13~25 岁的青少年阅读，可以对视野和格局有提升作用的书或资料？

答：《苏菲的世界》（乔斯坦·贾德）、《全新思维：决胜未来的 6 大能力》（丹尼尔·平克）、《智能时代》（吴军）、TED 视频、网易公开课，微信公众号：罗辑思维，微信公众号：周国平。

第四篇

一起玩才快乐

思维导图

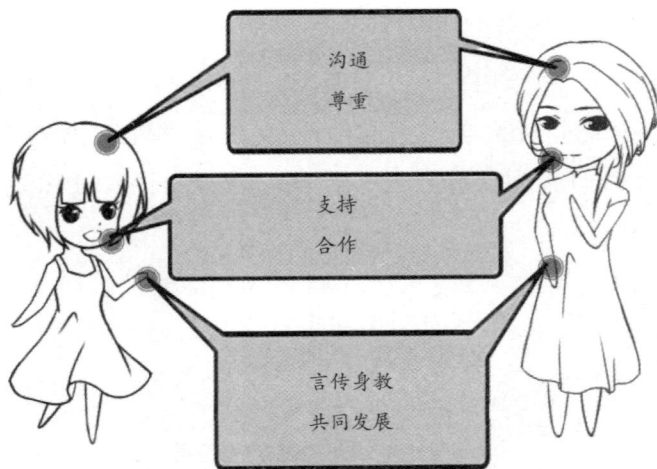

沟通
尊重

支持
合作

言传身教
共同发展

I 有话好好说

> 每个人的成长都有一个程序，他在某个年龄特征段该
> 领悟什么样的问题，其实是固定的，你没办法强求，
> 过分人为地加以干涉只会毁了他。　　——蒙特梭利

关键词：沟通
为什么你的话越来越少了？

　　作为教师，我几乎每天都在与学生或者家长进行沟通，深知沟通的重要意义。作为家长，我也经历了很多沟通的困惑——孩子渐渐大了，与我的沟通反而少了，不愿意把自己的心里话跟我说了。

　　想做到"一起玩才快乐"，本质上首先要解决的是我们之间的沟通问题，我时刻提醒自己要更多地聆听你的心声，良好的沟通始于良好的倾听，让你谈自己的感受和所遭遇的问题，再引导你找到解决问题的方法。这是一个递进的过程，不能跳过聆听直接给予帮助。因为：

大多数时候我们之间的沟通模式是单向的

有的时候我会进入一个传统意义上的误区，认为我是具有权威的，我是家庭的管理者，你是被管理者；我是教育者，你是受教育者。这样居高临下的沟通一定会出现问题。当前社会是一个信息化时代，网络的普及拓宽了你获取信息和知识的途径，也许我懂的你都懂，我不懂的你也懂。你越来越渴望平等的地位和交流方式，而陷入误区的我的一些做法会阻碍我们之间的沟通。

儿子马上要期末考试了，妈妈说："去自己的房间看书，把重点内容复习一下，早点睡觉！"儿子迈着疲倦的步伐去了自己的房间。半个小时后，妈妈"不放心"，偷偷走进去一看，儿子正在用素描本画漫画，妈妈的火气一下子就上来了，夺过孩子的素描本生气地说："你已经破坏了我对你的信任！"

事实是，恰恰是这位家长先破坏了跟孩子之间的信任。

孩子，如果我很少听取你的意见、体会你的感受，我们之间就很难做到双向沟通。面对不断成长的你，老妈常常思考：你需要的是什么？你在想些什么？你需要老妈作出怎样的回应？因为老妈觉得，更深入地了解你的需求是与你保持双向沟通的首要条件。刚才那位"妈妈"或许可以这样做：

儿子马上要期末考试了，妈妈说："要期末考试了，压力不要太大，只要你尽力了，分数的高低不会影响懂事的你在妈妈心目中的形象！要吃点什么？我给你做。""谢谢妈妈，一份炒面。"儿子迈着疲倦的步伐进了自己的房间。半个小时后，妈妈端着一盘炒面在儿子卧室门口轻轻敲门……

有一种悲剧：沟通双方信息传递障碍

你要表达的是这个意思，但是我接收到的不是你要表达的信息，于是，我们之间就出现了信息传递障碍。

女儿放学回家，看见妈妈在做饭。厨房里很热，妈妈汗流浃背，一边炒菜，一边洗菜，于是女儿说："妈妈，我来洗菜吧。"妈妈却说："写作业去吧，别在这儿添乱了。"因为妈妈觉得，女儿肯定是不想学习，不想写作业了，除了学习她不该做其他事情。但女儿想要表达的信息是，妈妈辛苦了。

时刻提醒自己：身教大于言教

都说身教大于言教，我时刻提醒自己切莫忽视了身教，切莫过多地通过言教、说教的方式教育你。如果我希望你养成阅读的习惯，那么我必须经常陪你一起看书看报而不是看电视；如果我希望你讲文明礼貌，那么我必须自己先做到说文明话。孔子曰："其身正，不令而行；其身不正，虽令不从。"我的一言一行都在潜移默化地影响着你。

父母边看电视边教训孩子："你怎么又偷偷玩游戏了？跟你讲过多少次了，有空就多做点题，多读读英语、练练听力，马上要考试了！"

孩子："你们站着说话当然不腰疼咯！"

……

所以我常常提醒自己："你每时每刻都在观察我，我应该注意自己的一言一行。"把自己当成一个好的榜样,作为礼物送给我最爱的你。

关键词:尊重
老妈的亲子沟通秘籍

秘籍要点

当下的你正处于青春期,青春期的另一种说法就是叛逆期。我们之间的关系是否和谐,亲子沟通技巧发挥着关键性的作用。有效的亲子沟通会让家庭氛围更轻松愉快,促进你健康成长。

(1)要学会倾听,少说多听。

案例:孩子丢了东西,回来委屈地告诉妈妈。

错误的沟通方式：

"怎么这么粗心啊，你仔细找了吗？你去失物招领处找了吗？给老师说了吗？"

"我就放在书包里面的啊，出去玩了一会儿就不见了……"

"跟你讲过多少遍了，要把自己的东西看管好，你这个人总是丢三落四！叫你细心点还嫌我啰唆！"

"妈妈，你别说了！"

"我说你几句怎么了，还不是为了让你长记性！"

建议的沟通方式：

> 妈妈一边忙自己的事情，一边把耳朵"伸"过来，轻描淡写地回应一句："哦~"

> "我就放在书包里面的，出去玩了一会儿就不见了……"

> 妈妈继续忙自己手中的活儿，把脸侧向孩子："噢~这样啊。"

> "我就是怕把它整丢了，还特意把书包放进抽屉里的。要不我明天先去班主任办公室问问看，说不定是它从书包里滑出来被同学捡到交过去了。"

> 妈妈马上走到孩子身边回答："嗯，我觉得可以去试试呢。"

　　真正的倾听不只是用耳朵，更重要的是需要眼到、心到、手到、嘴到，用眼觉察、用心感知、用手抚触、用嘴鼓励。

与你沟通需要谈自己的意见，更需要耐心地倾听你的想法。倾听意味着要避免打断你的话，要集中精力于交流的过程。为了做到这一点，沟通最好在安静的地方进行，排除可能使人分心的干扰。如果我正忙于做晚饭或看喜欢的电视节目，要做到认真倾听是很困难的。做一个耐心的倾听者能使我了解你的问题和观点，有助于澄清事实，避免对你的误解。经常倾听你的声音，尽管没有对你提出许多要求和建议，你也会更多地分享你的故事和心情。这是因为，善于倾听的我才有可能成为你的知心朋友。

（2）要创造机会沟通。要做一次有效的沟通，需要"天时、地利、人和"。亲子沟通也需要有恰当的时机。你往往不喜欢预约的谈话，而我想谈的时候，你可能没有兴趣；所以只有你想谈的时候，才是最好的时机。这些时机可能是在晚饭桌上或睡前，可能是我们一起散步或郊游的时候。不管选择什么时间、什么地点，我们都应该认识到，最佳的沟通常常是在我们共同的活动中进行的。老妈会提醒自己切记不要想当然地就与你进行沟通，那样做的结果只能是以失败告终。亲子沟通还需要"人和"，所谓"人和"指的是，我要根据不同的"待沟通事件"，确定由我还是你老爸或者你比较信任的其他长辈来进行沟通。

（3）讨论相互间的差异。因为我们的成长环境和生活阅历不同，思想观念、考虑问题的角度自然也是不尽相同的。我们之间往往在观念和意见上存在差异。比如，我认为你应该在晚上9点以前回家，而进入青少年期的你则认为自己已经长大了，可以晚一点回来。如果不能有效地处理这种差异，沟通就难免失败。我们应当认识到，这些差异实际上为我们提供了重要的机会，以便重新思考原有的教养方式和限制措施，与你一起商议和制订新的计划，从而帮助你发展有用的社会技能。由于当下的你对事物的认识辨别能力以及考虑各种可能性或观点的能力在不断增强，所以这种商议是可能的，也是有益的。如果相互间的差异比较大，一时难以协调，我也一定告诉自己不能着急，最好平静地告诉你我对你的关心和期望，耐心地进行解释，从而使差异限定在一定范围内，而不至于演变成冲突。

（4）避免言语过激，把决策权交给你。

案例：孩子晚回家。

错误的沟通方式：

"你野到哪里去了？11点多才回家，之前说好的9点之前就回来，你这个人根本不讲信用。"

"我刚进门，你也不管我浑身都打湿了，也不给我解释的机会，有你这样做母亲的吗？"

"你竟然这样跟我说话？你这个人从来只关心自己，从不顾别人的感受。我为了什么？还不都是为了你！而你，却自私得要命！"

"你才自私呢，不问原因就开骂，你才是只顾自己感受的人，打着为我着想的幌子。"

"好了好了，别说了，我规定你以后晚上再也不准跟同学出去了！"

建议的沟通方式：

"女儿，你这么晚才回家，妈妈很担心哦。浑身都打湿了，先去洗个澡换身干净的衣服吧。"

"对不起，妈妈！因为有点事情耽搁了。"

"先去洗澡吧，如果你愿意跟我分享一下今晚的事情，我很乐意听哦。要不要我去给你准备点吃的？"

"好的，谢谢妈妈。"

"你现在长大了，我相信你能处理好自己的事情，但是需要妈妈帮助的时候一定要告诉我哦！"

　　那些过激的反应、刺耳的语言往往容易导致争吵，使交谈无法继续。特别是当你的"青春期"遇见我的"更年期"，一个小小的误解也许会演化成一个棘手的矛盾。为了使交谈保持友好的气氛，我提醒自己不能带着情绪与你交谈；同时，我在提问题时，最好以商量的、平和的语气进行，如"你这样做是怎么想的呢？""让我们谈谈好吗？"在与你进行沟通时，我也试着多用语气词，如"啊、哦、呢、哇"。而且我要努力成为你愿意倾吐秘密的对象，成为对你的事情感兴趣的人。这样做的一切就是希望我们的心灵相互敞开。

　　同时，我应该多给你一些决策的机会，不能大包大揽，忍下心来，适当地让你经受一些挫折反而能促进你的成长。

（5）平等、互相尊重的沟通态度。

案例：孩子最好的朋友出国了，她很沮丧。

错误的沟通方式：

"这有什么好沮丧的，沒事，人一生会遇到很多好朋友的，况且，她走了，你可以跟Lucy, Lily成为好朋友嘛。"（妈妈表现出一副轻松样）

"妈妈你太不了解我了，她才是我最好的朋友。"

"没事没事，相信我，妈妈是过来人，你很快就会有新的好朋友的。"

建议的沟通方式：

"最好的朋友突然走了，你很难过吧？"（妈妈表现出一副同情样）

"对啊，她可是我最好的朋友啊，以后我都不知道可以跟谁说悄悄话了。"

"我能体会你的心情，最要好的朋友，一起分享快乐和秘密，一起成长，突然不在身边了，特别难过，来，妈妈借个肩膀给你靠靠。"

"谢谢妈妈。"

"现在科技那么发达，你们可以通过网络视频交流啊，并且你们可以用英语交流，看看她去了国外，口语是不是一下子就很牛了。"

"对啊对啊，我们可以网上飚英语。还是妈妈了解我，说不定以后我的小秘密可以告诉你哦。"

当你拥有负向情绪时，我要把你当成一个独立的个体，尊重你、陪伴你，感受你的感受，并且把我的感受描述出来回应你，最终希望你向我敞开心扉，希望你真正得到安慰，进而促成有效的沟通。

当下的你多少有一些崇尚个性，喜欢自我表现，追逐新鲜事物。因此，有时候我会感觉到你说话做事令我难以接受。但无论你给我的刺激有多大，作为父母，我都要告诉自己要保持冷静。在与你说话时，我所表现出的尊重和自我控制希望有一天也会出现在你与他人交流的过程中。

我明白在与你交谈的时候，如何说话与说什么同样重要。简单命令式的、挖苦讽刺式的、情绪发泄式的话语只会伤害你的感情，而且于事无补。我会以尊重的态度、平静的语气对你说话，因为，即使是儿童期的你也能轻易地区别不同的态度、情绪和语调。

尊重还体现在我们进行有深度的交流沟通上。青少年的社会意识和对事物的理解能力在不断增强，你赞赏有思想的、有深度的交流。因为这样的交流使你感到被平等对待，更能激发你的自尊感。

（6）与你做朋友也要把握尺度。从你的成长与情感需

如果时光倒流，她们能成为好朋友吗？

要出发考虑问题，与迁就、溺爱不同。当然，我认为威信的建立是以父母在孩子心目中的良好形象为基础的，而不是靠威严的表情和语气来形成的。我既要平等地对待你，使你乐于与我交流，又要建立起我应有的威信，培养你的敬畏之心。假如我们有 5 次亲子沟通，不妨 4 次做朋友，1 次做长辈。我们之间可以是很要好的朋友，但家长的角色也不能完全忽视，涉及原则性的问题我的态度要更坚决，适当的惩罚才能让你成为更优秀的自己。

秘籍使用注意事项

（1）表情专注。专注是一种体现认真、重视和负责精神的态度表现。沟通时表情专注能立刻博得对方的好感。

（2）减少"但是"出现的频率。任何人都渴望被认同、被肯定、被赞美，我们之间的沟通要多用积极正向的词语，少说或者不说"但是"及后面的话。

（3）多用语气词。我说的每句话都是有语气的，自然就会用到语气词。语气词可以帮助我们更清楚地表情达意。与你沟通时，我也会试着多用一些语气词："嗯！哦！喔！哇！"

（4）保持一颗童心。所谓童心，就是不带杂质的想法，我要跟上你的发展变化，了解不同时期的你的需求，了解你的兴趣、爱好，理解你的烦恼与欢乐，这就是保持一颗童心。对于你的所作所为不用想得太复杂。爱你就应该和你一起玩，带着你学会玩儿。希望童心未泯的我能被你的世界更快地接受。

（5）我最不应该说的话。

"小孩子懂什么！"

"你怎么那么笨？"

"不要跟这些混日子的同学来往！"

"你太不争气了！"

"你怎么比隔壁家的小 A 差那么远！"

"那是老师不对！"

"我都是为了你好。"

沟通是维护家庭关系的重要桥梁，沟通不只是通过语言来完成的，就像我前面说过的，有效的沟通，需要眼到、手到、心到、耳到、嘴到，需要用眼觉察、用手抚触、用心感知、用耳倾听、用嘴鼓励。

你是属于你自己的，你的当下和未来都应该由你自己来规划和主宰。就像汪曾祺先生在他的回忆录中所写的，他与他的父亲是"多年父子成兄弟"，这应该也是当下的我所向往的状态吧。

答疑解惑

1.亲子沟通的确很重要，但是你白天上课，我白天上班，晚上你写作业，我做家务，好像没有什么沟通的时间啊？

答：现实的困难的确是存在的，但是我认为只要爸妈用心，总能把握住一些沟通的好时机。

早晨。在你起床前，提前到你床前送上一句早安、一个

微笑、一个亲吻，让你一大早就进入一种愉快的情绪状态，可以为我们之间的沟通建立一个良好的基础。

进门。无论是我拖着疲惫的身躯下班还是你辛苦一天放学回来，进门那一刻都希望有一个过渡来放松和调整，充分地舒展过后会感到安逸自在。我会时刻提醒自己不要在这个时刻把憋了一天对你的担心、抱怨和责骂一股脑甩出去，更不要把自己遭受的职场压力和委屈转移给你。我常常用"回来了？""今天过得好吗？"或者一个大大的拥抱，让你感受到家的温暖，希望能分享你在学校经历的开心或不开心的事。

睡前。应该提前半个小时到一个小时进入平和的睡前状态，我们都趋于稳定，在这个时候说一些亲密的话语，做一些亲密的沟通，都是极好的。

约定。可以制造一些机会一起做一些大家都喜欢的事情，选几首好歌或者聊一个共同的话题，甚至一起约一把"王者荣耀"，其间穿插一些交流，增进彼此的了解，大家都快乐的时光就是好时光。

2. 我们之间的沟通已经出现问题了，我该怎么办？

答：没有十全十美的亲子沟通，我们毕竟处在不同的频道，出现问题也属正常，一般来说我是从以下两个方面进行修补的：

首先，学会"接住"你的情绪。无论你是开心、委屈、恼怒、害怕，还是悲伤、焦虑、不安，这些都是属于你的体验，我都提醒自己不要急着去介入。我努力做到"接住"，也就是"我感受到了你的感受"，不要急着去劝慰或建议，最重要的是给予你理解和接纳。往往有时候，我先入为主的建议一出口，你就跑了，因为道理你都懂，你只是跟我倾诉一下，但是我却把你吓跑了。

其次，学会"觉察"自己的感受。有时候我也会因自己的身心疲惫而失去沟通的耐心，一些伤人伤己的话脱口而出。一个平和稳定的我和一个焦虑暴躁的我，教给你的东西肯定是不一样的。

II 带你一起"搞事情"

> 合作是促进发展的最快途径,让我们更清晰地了解彼此,在看到差异后协同共进,达到更愉悦的心境。
>
> ——作者

在掌握了一定的沟通技巧后,我们之间的关系就可以上升到合作的层面。合作就是个人与个人、群体与群体之间为达到共同目的,彼此相互配合的一种联合行动方式。处在青春期的你叛逆性强,合作有时候也许并不是那么容易做到,但也是这个阶段非常重要的一课。在学校,你与同学们的合作是你认识自我、锻炼社交能力、完善人格的重要途径。而在家里和亲人之间的合作更是我们相互了解、促进双方发展的重要方式。对你将来的职业发展、生涯规划来讲,我们之间合作的回忆对我们一生的成长都具有十分重要且不可替代的意义。

关键词:支持
和你一起上公开课

这是一位职场妈妈的真实案例:

合作意向达成

女儿回家后带来一个消息。

女儿：妈妈！我们班级要组织一次家长公开课，主题在"友善、团结、诚信"中选。你也是老师，要不要我们一起去申报一个？

妈妈：好啊，什么时候？有哪些具体要求？（想到可以跟孩子一起完成一场公开课，我特别兴奋。我早就对她的课堂充满好奇了，很想体验一把！更何况是跟孩子一起合作，对她也是一种锻炼。）

女儿：那我先和老师讲一下，完了把要求和细则跟你讲。

合作模式探讨

（一天以后）

女儿：我和老师说了我的意愿，最后老师决定给我这个机会，我们给大家上公开课。（非常开心、喜悦）

妈妈：好，能和你一起组织上课也是妈妈的荣幸，我们要好好准备哦。（开心的同时焦虑随之而来：小学的课堂不熟悉、小学生的特质及需求不了解、同行的压力等。但是看到女儿这种跃跃欲试的状态，自己是硬着头皮都要上了。）

女儿：我们先选一个主题吧！友善、团结、诚信，我都不太懂该怎么讲，我们选什么呀？

妈妈：你们觉得现在哪个话题最有意思？

女儿：那就讲友善吧，我觉得大家容易懂，也是我们小学生最该具备的一种美德。

妈妈：好啊，那我们就开始进入备课环节了，首先要了解的是我们的授课对象、授课环境以及上课时间；其次我们要明确课程教学的效果；然后就是准备素材开始备课。同时，在正式上课前我们也要在家至少进行一两次的试讲。

女儿：好的，我觉得应该有……（具体讨论和准备的过程不赘述）

克服合作矛盾

女儿：我觉得应该加视频，还要加互动活动，最好还要有游戏环节，让大家感受到友情的传递。（屡次中断彩排，表现得积极而亢奋）

爸爸：你应该多听听妈妈的意见，不要老是干扰妈妈的设计。（爸爸语气有一些严厉）

女儿懵了几秒钟，居然放声大哭起来……

妈妈：没事，跟妈妈一起商量，你最了解你们小学的课堂，妈妈听听你的建议。（内心有些震惊，原来这次合作孩子如此看重。这是一种信号，当然我也有点担心，假如这次课程不顺利会不会打击她的积极性……）

女儿平复了许久之后，我们继续备课讨论。

我感觉到她接受了爸爸的一些建议，开始主动听我分析，从她的眼神中看到了对这次合作的坚持。很多天马行空的想法被我否决的时候也不会那么难过了，她有想法还是会同我分享。（我终于松了一口气，看到她慢慢地从情绪的低谷走出来，并且坚持合作，感觉到了这次合作的意义，也更坚定了我的决心——要陪她一起把这次公开课做到最好）

合作结果展示

《传递友善·收获快乐》德育公开课台本

一、开场白

孩子：敬爱的老师！

家长：亲爱的同学们！

孩子：大家好！我是×××！

家长：我是×××的妈妈，大家可以叫我×老师！

孩子：友善是一只白鸽，纯洁而又和平。

家长：友善是一个微笑、一个拥抱，温暖而有力量。

孩子：接下来请同学们观看一个视频——《友善的回旋镖》。

二、观看视频

家长：同学们，在观看视频的过程中，你都想到了什么？或许你很感动！或许那些场景你似曾相识！

孩子：但是，如果没有这样的开始……

家长：忙碌的工人没有来得及搀扶摔倒的小男孩；

孩子：如果没有这样的传递……

家长：溜冰的小男孩、白发的老人、时尚的女士、步履匆匆的绅士并没有施以援手；

孩子：如果没有这样的传递……

家长：劳累的司机、乞讨的路人、街边的少女、咖啡馆里的女士、卖花的姑娘没有得到那些爱的给予；

孩子：如果收到小费的招待员没有觉得自己的劳动受到尊重，她就不会将水递给这位汗流浃背的工人伯伯……

家长：当然，友善的回旋镖，最终化为快乐回报给了每一个人！同学们，你们愿意做一个身体力行传递友善，也让自己变得快乐的人吗？！

那么，友善到底是什么？

三、小组讨论

家长：用PPT罗列出友善相关的关键词：礼貌、尊重、关心、理解、体贴、乐于助人、换位思考、真心回报、友好待人、恰当的方式……十一个小组根据这些关键词的提示，或者自己的理解，分别在红色和蓝色回旋镖上列举三件施与或接受友善的事件。

家长、孩子：（到各个小组检查完成情况）

从各个小组选取一个事例进行班级分享，然后将每一组的回旋镖贴到画报上。分享中注意提炼、引导和赞扬。

家长：当然，在我们的生活中也会遭遇一些不友善的经历，或者你会不小心伤害了别人。接下来，我们通过一个小游戏来让大家感受一下！

四、游戏——《风·太阳·老人》

由家长担任导演，孩子做助理。通过指导语引导大家通过动作来演绎故事。每一小组选出三名同学分别扮演风、太阳、老人。

家长：（引导语）太阳和风争论谁比较强壮。风说：当然是我更强壮，你看下面那位穿着外套的老人，我打赌！我可以比你更快让他把外套脱下来！（助理引导扮演者做风的动作）说着，风便用力对着老人吹……希望把老人的外套吹下来。但是它越吹，老人越把外套裹得更紧（助理引导做冷的动作）。后来，风吹累了，太阳便从云后走出来，暖洋洋地照在老人身上（助理引导做太阳的动作）。没多久，老人便开始擦汗，并且把外套脱下。于是，太阳对风说道：温和友善的力量永远强过激烈狂暴。

五、自由发言

家长："风"会让人难受、抗拒，它会让人离你越来越远。现实当中谁会是"风"，什么时候我们是"风"？

各个小组自由发言。

孩子：不友善的关键词有抱怨、愤怒、卑鄙、自私

所以我们可以知道……

没有买卖
就没有伤害……

自利、欺骗、狭隘、恶语相向、得理不饶人……

家长：那么谁是"太阳"？展示班级美好的图片，引导学生对友善的认同！提问：既然我们都愿意做温暖友善有力量的"太阳"，做一个友善的人，那么这样的好品质又该如何坚持？！

六、紫手环活动

孩子：同学们！你们知道一只鸡蛋多长时间就能孵出小鸡吗？……对！21天！心理学家也发现，一种好的品质、好的习惯经过连续21天的坚持就能养成！你愿意加入我们的紫手环活动吗？

家长：将紫手环戴在任意一只手上，如果意识到自己成了令人不舒服的、抗拒的"风"，就把紫手环换到另一只手；如果你能将紫手环连续21天戴在同一只手上，也就是说你做了21天的"太阳"，那么你就可以成为传递友善和快乐的人了！

十一个小组全体成员戴上紫手环，并以小组为单位，造型、定格、拍照，相互承诺、相互监督！

七、课堂小结

"友善"是人际交往中必须具备的道德规范，如果人人都能以"与人为善"的态度去处理日常生活中各种各样的人际关系，我们的生活就会处处充满阳光。如果你想做一个愉快的孩子，让自己的身边都充满欢乐，你就用一颗友善的心去对待他人！

（虽然现在看来这个台本还有很多的不足，但当时公开课的效果很好。现场的同学、老师和家长都参与到我们的课程设计中，有视频、有互动活动、有游戏环节，最终得到了大家的一致认可。）

《传递友善·收获快乐》德育公开课家长体会

　　这是妈妈永生难忘的一段美好回忆。在刚开始做的时候我有很多顾虑，担心做不好会影响你在班上同学眼中的形象，会担心你的同学不够配合，会担心班会活动没有预期的那么理想……但每每看到你努力又坚定的眼神，作为家长有责任也要有信心陪着你一起努力。当然也会有气馁的时候，但我们相互鼓励、共同完成任务后的快乐是无与伦比的，也会让我和你的心走得更近，关系更加亲密。课堂结束了，你在讲台上拥抱了妈妈，那一刻，我无比自豪！

关键词：合作

无处不在的合作时机

　　在日常生活中我们的合作也是可以无处不在的：
　　（1）中国传统节日到来之前，我们可以一起来收集相关节日的知识，进行竞答互动；一起做一些好吃的东西或者做家务，培养你的动手能力；也可以扩充你的知识面，在合作过程中我们要共同承担任务。

（2）带你去超市或者农贸市场买菜，教你学习货比三家以及在市场上讨价还价的本领，这样既可以锻炼你与人交往的能力，还可以让你了解家庭经济的日常开销有多少，开发你的理财意识。

（3）鼓励你向我传授一种新技能或知识，如使用二维码支付、用英语问路或询问商品价格。或者请你教我健身操或其他流行并适合我的活动。在学习过程中我一定会时刻提醒自己：我是你的"学生"，同时我可以要求"老师"多给我一些赞扬，并记录当时的心理感受。

（4）让你和我在家中一起寻找至少5件含有化学物质的生活用品，比如塑料制品、化学洗涤剂等，记下所含化学物质的名称，分析这些化学元素对环境和人体的作用，这将有助于你理解化学知识在生活中的重要性。

（5）鼓励你在课余时间多与同学保持联系。建议你主动组织同学一起去看一场电影或进行一场球赛。回来后问问你玩得是否开心，耐心地听你叙述活动过程，主动询问其中让你觉得有趣的事。希望我的耐心倾听、细心引导，会慢慢地让你和我分享更多你的高兴或烦恼的事。

（6）一起讨论电视中的广告节目，把广告节目分类。让你理解这些广告背后的意义，有助于提高你的沟通表达能力和锻炼你的逻辑思维能力。针对某一类别的广告，如食品广告，我们可以进一步分析、鉴定这类食品的生产标准。

（7）针对父亲节、母亲节或者万圣节等外国节日，引导你收集它们的由来，并鼓励你把节日的由来讲给身边的人听，有助于你了解外国文化，同时锻炼你查找和表达的能力。有些节日需要的特殊手工作品，我们可以一同完成，进一步锻炼你的动手能力及合作能力。

（8）在假期或者周末，让你选择一部想看的影片，并且我陪你一起看。看完后共同讨论印象最深的情节，并且告诉你我在你这个年龄时对哪类影片感兴趣，比较一下我们的兴趣和爱好有哪些相同、哪些不同。那些相同之处向你展示遗传的奇妙，而不同之处则在提醒我：你是有别于我的独立个体。

（9）……

当你看到案例和注意事项中的"（9）……"，也许会有点奇怪，是印刷或者排版出了问题吗？当然不是。此处的省略号其实是向所有人传递一个信息：一个未完待续的信息，一个多元更新的信息。其实，我想传递的是：无论是整个案例还是某个事项永远都不会完善，社会在发展、人在发展，每个家庭、每个生命都是一个独立完整的个体，都在演绎着生命的美好，我们目前的举例和注意事项希望对大家有所启发。当我们写下了自己的故事，找到了自己合作的方法，我们完全可以撰写那个"（9）……"，甚至还有"（10）……""（11）……"。

当我们迈开了第一步，就已经奠定了合作的基础，那么如何让我们的合作更高效、更深入呢？下面请看"搞事"合约。

◇ "搞事"合约 ◇

甲方：孩子　姓　名

乙方：家长　姓　名

项目名称：关于＿＿＿＿＿＿＿＿＿＿＿＿＿合作项目

项目意义（目的）：通过这次项目，孩子学会＿＿＿＿＿
＿＿＿＿＿＿＿，家长学会＿＿＿＿＿＿＿＿＿＿＿。

项目形式：
A.由家长主导，孩子协助。　B.由孩子主导，家长协助。

项目安排：
1.项目筹备会议
会议时间：＿＿＿＿＿会议地点：＿＿＿＿＿
主持人：＿＿＿＿＿记录人：＿＿＿＿＿
会议讨论内容：
发言人A：＿＿＿＿＿＿＿＿＿＿＿＿＿＿＿＿＿
发言人B：＿＿＿＿＿＿＿＿＿＿＿＿＿＿＿＿＿
发言人C：＿＿＿＿＿＿＿＿＿＿＿＿＿＿＿＿＿
……

2.项目内容分工

项目内容	负责人	完成时间
A	爸爸	2017.6.1
B		
C		
……		

项目后期总结：

本次项目打分（0~10分）：＿＿＿＿＿＿＿＿，我打分的依据是＿＿＿＿＿＿＿＿＿＿，离满分还差＿＿＿＿＿＿＿＿＿＿，我如果当初＿＿＿＿＿＿＿＿＿＿＿＿＿＿＿＿＿＿，也许可以有更好的结果。

通过本次亲子合作：我学会了＿＿＿＿＿＿＿＿＿＿，期待下一次合作项目的时间是＿＿＿＿＿＿＿＿＿＿＿＿＿＿＿＿。

答疑解惑

1.亲子合作过程中有哪些需要注意的事项呢？

答：亲子合作要达到理想的效果，得注意以下几个方面：

第一，合作目标要积极正向，以你的需求为主导。

第二，合作内容要分工协同，共同承担责任。

第三，合作模式要敢于创新，不要被局限，要敢于尝试新鲜的事物。

第四，合作结果要勇于接纳，无论结果是好是坏，都要从中看到积极正向的动机。

第五，……（在实践中不断总结出更多、更好的技巧！）

2. 大人跟我一起打网络游戏是不是一种亲子合作？

答：青少年沉溺于游戏是目前很多家庭面临的问题。有人这样建议：

上策：一起玩儿。

中策：制订规则、约束时间或次数。

下策：完全禁止。

这个问题涉及的应该是建议中的"上策"—— 一起玩儿。游戏中有团队合作、挫折教育的机会，这是我一直追求和向往的状态，也是"合作"的正向意义。和你一起玩儿游戏是在创造一段共同的经历，我努力克制自己不可在游戏中有过多的教导、指责。在那个场景里，我们应该是平等的，我甚至可能被你打败，有时候你也是我在游戏中的导师，这就是游戏的魅力所在吧。

由此可见，一起玩网络游戏，以平等的身份了解你的游戏动机，进而通过你的游戏行为理解你，并给予正确引导，也是很好的"亲子合作"。

Ⅲ 朝向未来一起成长

> 和孩子一起成长的过程，是父母这个"职业"最美好的回忆。
> ——作者

在结束本书之前，还有一个问题有待解决，那就是如何实现青少年生涯教育过程中的我和你朝向未来的共同发展，也就是"亲子发展"。老妈坚持认为：我自己应首先成为最丰富的人，无论是自足的物质还是饱满的精神，这样才能成就丰富的家庭教育，培养出健康、活泼的你。正如黑格尔所称的"彼此都承认"，人不是生而为人，而是伴随着发展，人才变成人。生涯教育也是亲子双方彼此成就为更完整的人的一个过程。

现实中，一旦看到你的月考成绩下滑、寝室关系出现矛盾、最近顶嘴厉害、交友不慎、夜不归寝……我时常也会感觉身心疲惫，你能好好的就行，原有的高期待也开始泄气。下一刻，或许我内心深处的使命感又开始忧虑你五年后的高考，十五年后的婚姻，以及二十年后的事业……这种间歇性的关注、落差式的期待本质上是对你未来发展走向的不确信，不确信就会慌张。这些不确信、不笃定从何而来呢？根本上说可能是我自身成长的"断崖"，也是我要时刻防止发生的危机事件之一。

造成我"成长断崖"的主要表现是：

（1）自己的工作、生活中有太多的疲惫、无趣甚至混乱，将自己未尽的梦想转嫁给心里的"理想的你"；

（2）遵循"生活最安逸原则"，搁置自己的学习和探索，对新的信息和资讯没有多少兴趣，不会主动吸收；

（3）你懂的我不懂，你不懂的我也不懂，与你越来越没有交集，力不从心；

（4）常常会不接纳自己，容易自我怀疑、自我否定。

另一组数据让我们看到，越来越多的父母将对生活的期待从工作转移到家庭和孩子。美国盖普洛咨询有限公司向员工提出了以下问题："如果给你一份挣更多钱、更有声望的工作——但是要更多地占用你的家庭时间——你会接受这份工作吗？"几乎60%的被调查者认为自己会拒绝这份工作，另外33%的人说，他们会有条件地接受这份工作！这样的关注对孩子来说是福是祸呢？我们组建了自己的核心家庭，先有了一纸结婚证，再有了准生证，现在又成了无证上岗的父母。生命没有彩排，生命历程无论对于家长还是对于孩子都没有机会重新来过，我们必须不断向前。

一位网友在回顾孩子成长之路时说道："事实就是这样，当我不知道如何把握人生的时候，我无法给女儿传递正确的信息；当我失去内在勇气和力量的时候，我无法教会她正视外在的困难；当我开始抱怨的时候，我无法要求她不要推卸责任；当我做错事不道歉的时候，我无法让她学会认错。"

我认为，你永远是我的一面镜子。所以，选择与青春期的你一起发展，意味着我要重新审视一个最基本的问题——我自己的生涯规划。有时我只是个大号的孩子，长期缺失生涯发展能力培养的中国传统教育也在我的成长中积累了很多暗伤。一些遗留的成长任务并没有完成，与你相处时这些问题再次浮出水面。当我力不从心、感到困顿时，我应该停下来，看看到底是什么阻碍了我。同时，我也可以思考：如果我自身掌握一些生涯管理的能力，将如何有益于你。

作为一个正值青春期的孩子的家长，我目前应该正处于职业生涯的中期阶段（40~55岁），在这个阶段，我会对自己所持的理想、抱负以及所取得的成就进行再评估，会应对来自各方面的前所未有的压力，并尽最大努力保持竞争力。处于这一时期的我深刻感受到青春渐逝、衰老进逼，往往会出现两种不同的生涯目标：一是雄心勃勃、继续投身于毕生所求；二是减少工作中的投入，转而用心经营个人和家庭。其实细想一下，无论哪个目标均可以带来积极的生涯发展效应。

关键词：言传身教
一个妈妈的生涯管理

接下来，我们会看到一个我跟踪多年的研究对象——郭女士的案例。郭女士，46岁，任某市镇党委委员一职，女儿小静 16 岁，初中三年级。郭女士专注于自己的事业，从基层一步一步做起，成为外人眼中的"大忙人"。紧张的工作状态本应令她无暇顾及家中事务，而这绿意盎然、繁花似锦的花园阳台却是她一手打造的，美丽的景象足以颠覆你对"女强人"的认知。

当然，郭妈妈对女儿的教育更是"无形胜有形"，于潜移默化中自然达成。我们先来看看郭妈妈的职业生涯简图。

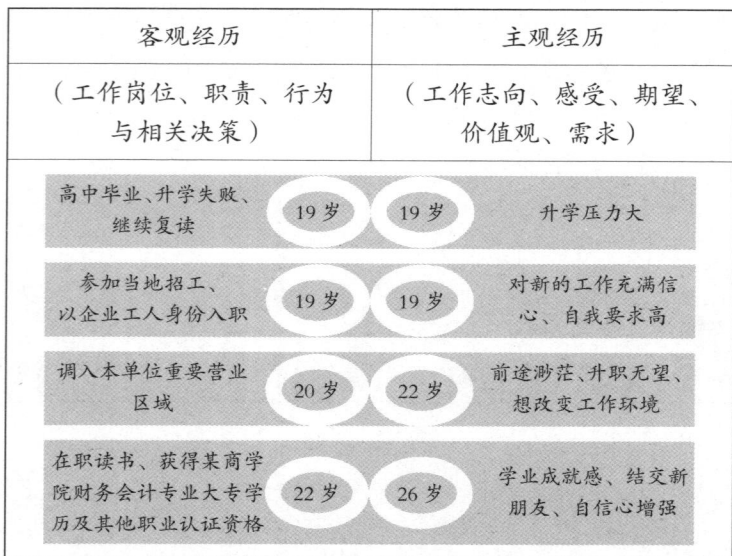

客观经历		主观经历	
（工作岗位、职责、行为与相关决策）		（工作志向、感受、期望、价值观、需求）	
高中毕业、升学失败、继续复读	19 岁 / 19 岁		升学压力大
参加当地招工、以企业工人身份入职	19 岁 / 19 岁		对新的工作充满信心、自我要求高
调入本单位重要营业区域	20 岁 / 22 岁		前途渺茫、升职无望、想改变工作环境
在职读书、获得某商学院财务会计专业大专学历及其他职业认证资格	22 岁 / 26 岁		学业成就感、结交新朋友、自信心增强

郭女士职业生涯简图（1）

第一次重大转折

客观经历 （工作岗位、职责、行为与相关决策）	主观经历 （工作志向、感受、期望、价值观、需求）
调入当地街道办公室任基金会出纳、身份转变为事业单位职工 26岁 26岁	热爱工作、表现出色
维持工作、获得当地党校法律专业本科学历 26岁 28岁	热爱工作、业绩优秀、对未来充满期待
抽调到全区基金会清查小组，调入当地某街道办农经站对口工作 28岁 31岁	得到认可，乐观接受变化，保持学习激情
担任当地某社区居委会主任 31岁 34岁	与人交流的能力、事务处理能力增强，成绩得到肯定，期盼更好的未来

郭女士职业生涯简图（2）

第二次重大转折

客观经历 （工作岗位、职责、行为与相关决策）	主观经历 （工作志向、感受、期望、价值观、需求）
以优异成绩通过当地公务员选拔，从事当地某街道党政办文秘工作 34岁 36岁	工作得心应手，希望得到更多的职业发展机会
竞聘担任当地某街道党政办副主任职务 36岁 38岁	业绩优秀，工作能力不断提升，受到单位领导重视
竞聘担任当地某街道党政办主任职务 38岁 39岁	组织协调、综合办事能力提升
组织安排到该区信访群工部门挂职锻炼 39岁 43岁	工作实绩突出，被列为副处级后备干部

郭女士职业生涯简图（3）

第三次重大转折

客观经历	主观经历
（工作岗位、职责、行为与相关决策）	（工作志向、感受、期望、价值观、需求）

连续10年年度考核优秀，两次立三等功，被评为区"百名优秀基层干部"　43岁　45岁　同一岗位坚守，成绩斐然，开始对管理工作感兴趣

升职任当地某镇党委组织委员　45岁　46岁　对待工作初心不改，用心做事、为人

郭女士职业生涯简图（4）

在这个案例中，我们能捕捉到哪些关键信息呢？用郭妈妈自己的话说，她的职业生涯就是一个"锁定目标不放弃，持续积累不屈服"的循环过程。郭妈妈认为，开始对女儿产生直接或间接影响的是"第二次重大转折期"。那个时候小静只有4岁，郭女士临近公务员考试的最后年龄期限，她非常拼命地备考，在女儿的印象里"妈妈一直在学习、学习、看书、看书"。而对孩子影响最大的阶段是"第三次重大转折期"，郭女士连续十年在单位年度考核中得到优秀，成为当地首批"百名优秀基层干部"。这时的小静刚升入中学，她觉得妈妈多年来的工作原来那么有意义，不仅得到社会的

认可，也收获了家人的尊重。郭女士这份对事业的执着与专注成为陪伴女儿成长的宝贵财富，女儿的价值观、视野、人生选择由此受到了深刻的影响。当下小静正逢中考，不过她已经被当地一所教学质量和社会效益都不错的学校提前录取，一如郭女士对自己、对家庭、对女儿一贯的期待，这样的结果"不求最好，尽力而为"。

美国现代有名望的精神分析理论家之一的埃里克森认为，大多数青春期孩子的父母会意识到，"多谋善断"（给年轻人以指导）的发展变得相当重要。父母们开始关心下一代，他们通过对孩子的教育，丰富了自己的生活。在抚养孩子的过程中，生活充满了丰富多彩的有意义的和有趣的事情。遗憾的是，还有一些父母，他们从教育孩子中没有获得快乐，而是充满了厌烦，对生活感到不满。在孩子发展中不能展示自己的潜力，对父母、对孩子来说都是可悲的。接下来，我们转向这一类案例。

关键词：共同发展

不要两败俱伤，要双赢

陈某本是一名活泼开朗的学生，小学成绩优异，在班上总是前几名，还报过许多兴趣班，跆拳道和乒乓球都打得特别好。自从上了初中，学习任务变得繁重，没有时间和精力参加校外活动，再加上他的父母希望他把精力都放在学习上，所以就停报了所有的兴趣班。

其父母在二线城市工作，为了让他能得到最好的教育，父母把他送到市里一所重点中学读书。从初一进校，陈某就开始了在校的住读生活，周末寄宿到班主任家，每隔一两周，父母就会到市里来看他。本以为已经为他提供了最好的学习条件和环境，但陈某的成绩一次考得不如一次，甚至下降到中下等。奇怪的是，另外几个周末寄宿在班主任家的孩子成绩一直都很不错，没有成绩下降的趋势。

家长开始为孩子的表现焦虑，怕他是得到父母的关爱太少而影响了学习，随即决定临校租房陪读。周五放学后陈某自己回市区的临时住所，父母下班赶到市区一般都是晚上十一点左右了，此时陈某都睡了。周末父母监督他做作业，星期天下午再把他送回学校。陈某做作业的效率很低，一般整个周末都在做作业，有时还完不成。

家长开始商量让一方辞掉工作到市区陪读，这遭到了孩子的强烈反对。陈某的父母暂时放弃了这个念头，想了很多办法来提高他做作业的效率。一种办法不起作用了，再作新的规定，达成一致意见后，他总能坚持一段时间，在这种情况下，陈某的成绩逐步提升。

但在初二下学期有一段时间，陈某的成绩下降得特别厉害，查其原因，是因为他沉迷于小说和游戏。不知道他在哪里弄到一部手机，每天在学校寝室看小说看到半夜两三点，白天上课睡觉，回到家里也偷偷看小说到深夜，为此事他和父母大吵了一架。为了防止他在休息时间看小说和打游戏，保证他的睡眠质量，在校时，陈某的爸爸托宿管帮忙照看；在家时，自己则陪他一起睡觉。陈某的妈妈过于担心孩子的状态，无心工作，屡次被领导批评、警示。加之孩子学习成效并不明显，家长最终决定：妈妈辞掉工作，到市区陪读。

从此，陈某的学习变成了他和父母的一种交易，每完成一项学习任务都要玩一会儿手机。和以前一样，刚开始定下这个规定的时候，陈某到时间就会把手机自觉交给父母，但时间长了，他就不愿意再上交手机，而且还经常和父母闹脾气，做作业的效率依然不高。而且自从上了初中，他便没有了兴趣爱好，也很少出去和同学、朋友玩，渐渐地，玩手机成了他所有的学习动力。他不知道自己长大后想要从事什么工作，也不知道自己适合什么行业，更没有想过要考什么大学，读什么专业。

妈妈放弃了工作，失去了职场的支持也显得患得患失，家庭战争随时爆发，整个家庭陷入迷茫。

到此，说亲子双方两败俱伤是不为过的。

如果一个原生家庭与青少年共同发展，又会给孩子带来怎样的影响呢？接下来老妈就给你讲讲自己的故事吧，我们一起来体会老妈成长道路上一路相伴的那份"亲情"。

◇老妈的成长◇

我很感激我的父母和两个姐姐，我爱我的家。

我有一个快乐、健康而有意义的童年。我的父母都是基层人民教师，从我记事起我的成长便伴随着他们的职业发展。我的父亲个性坚毅，做事雷厉风行，很年轻时就成为学校教学、管理的骨干，我从小崇拜父亲，从他身上学会的坚毅、乐观让我终身受益。当然父亲的年轻气盛也让他遭受了一些排挤。父亲事业的起伏，使我小学六年换了四所学校。这反而成为我人生中重要的一笔财富，我学会了通过自我调整来适应新的环境。我的母亲性格乐观开朗，爱好广泛，她对家人绝对的支持和无私的付出也给我的人生打下深深的烙印。无论是父亲事业受挫还是我们在学校或邻里遭受任何委屈，母亲总是一马当先地站到最前面，给我们最大的支持和保护。现在我有了自己的家庭和工作团队，甚至面对我的学生们，我都愿意像我的母亲一样去付出，将心比心、以心换心。

当然，由于很重的工作压力和生活负担，我的父母并没有很多时间来关注我们姐妹三人的成长，这也给了我们独立发展的空间。我们三姐妹的性格各具特色，共通之处就是都颇有主见。如今我们都有各自的家庭，但是仍然在工作中、生活中相互支撑，不离不弃。

回顾这一路，我的心智逐渐成熟还是在大学阶段，而即使已经成年，家人的支持也伴随在我的左右。由于高考败北，我以专科生的身份进入大学，这给我带来莫大的压力。在大一最艰难的开始阶段，爸妈坚持每月来学校陪我过一个周末。

姐姐们一旦有出差的机会也总是会来我的学校一趟，塞给我50元面额的零用钱，这在当时已是一笔巨款。

我从大一开学第一周的班干部选举开始，一步一步，笨鸟先飞。在品尝成功果实的同时，我也体会到来自外界的不理解甚至是反对的声音。大学时期，有同学认为我太急功近利，成绩好工作好都是为了谋取私利，这让原本注重他人评价、重视和谐氛围的我十分受挫。在大二那年，爸爸的职业发展迎来了很大的转机。作为当地的教学管理骨干，他调入一所小学任重要职位，全家人都欢欣鼓舞，有一种苦尽甘来的感觉，也让我体会到"坚持总有回报"的意义。

第二年我顺利通过专升本考核，更换了环境。在新的环境中，我更加谨慎地处理自我追求与环境需求之间的关系。我逐渐认识到，能有效控制自己的情绪情感、把握自己的生活节奏、规划自己人生的人，才是真正成熟的人。专升本后，留校，读研，我把很多人认为不可能的事情化为现实，自己也重拾信心，对未来充满希望。

随着年龄的增长、阅历不断丰富，我身上的角色也越来越多。作为一个在职场上坚守的女性，我希望自己能坚持独立的人格又不呆板做作；在为人女为人妻为人母时，我希望自己能承担在家庭中应有的责任，尤其重视成为女儿成长道路上重要的陪伴者；作为一个社会人，我能严谨自律、恪守各种规范，又注重生活品质、善于发展个人爱好：阅读、音乐、旅游。

我感恩我的家庭给了我最好的五种品质：坚韧、乐观、诚信、敏锐、主动。

它使我终身受益。

其实这封信的作者即本书的执笔人——你的老妈，我将这份"爱"分享给"你"，也借由"你"不断传递下去……

答疑解惑

1. 为了给你一个好的示范，我一定要做一个成功人士吗？

答：关于"成功"我们是怎么定位的呢？有钱有权有地位，自我价值的实现？这些的确都算是一种成功。但是我不希望在你的眼中我只是一个为了钱、权，以及为实现自己的价值不择手段的人，我希望你能看到更多方面的我，我希望能和你一起成长。希望你看到我积极的职业状态、我独立的人格、我可持续的生长趋势以及我对家庭的付出，希望你能感受到我对你真挚的陪伴。

2. 我不完美，我怎么和你一起成长？

答：我一定是一个不完美的人，但我要学会承认在你面前展现出的那些缺点。当然我也要接受你的不完美，我要认识到正是我的那些缺点造就了你当下的一些不如意。换个角度来看这真是天赐良机，你就像我的一面"镜子"，折射出了我的样子，我在陪伴你成长的过程中，也得到了自我完善，我要珍惜和你在一起的时光，由此拓展更加包容和接纳的能力，一起成长为我们最认可的样子。

可能我觉得自己过于敏感细腻，你也继承了这一点。很多时候我选择沉默是因为我觉得先思考和沉淀更重要，我害怕别人认为我浅薄，我害怕急于表现自己会被批评和攻击。由此，我理解了你为什么不是公开课上积极举手发言的那一个，不是在舞台上频频露脸的那一个。于是，我便不会去催促你，不会去拔苗助长，我会静候这朵花开。这是一件多么美好的事情！

结　语

　　本书最后引用黎巴嫩作家纪·哈·纪伯伦的《论孩子》
一文作为结语，给我自己以及天下父母共勉！

　　　　你的孩子，其实不是你的孩子，

　　　　他们是生命对于自身渴望而诞生的孩子。

　　　　他们通过你来到这世界，却非因你而来，

　　　　他们在你身边，却并不属于你。

　　　　你可以给予他们的是你的爱，却不是你的想法，

　　　　因为他们自己有自己的思想。

　　　　你可以庇护的是他们的身体，却不是他们的灵魂，

　　　　因为他们的灵魂属于明天，属于你做梦也无法到达
的明天。

　　　　你可以拼尽全力，变得像他们一样，

　　　　却不要让他们变得和你一样，

　　　　因为生命不会后退，也不在过去停留。

　　　　你是弓，儿女是从你那里射出的箭。

　　　　弓箭手望着未来之路上的箭靶，

　　　　他用尽力气将你拉开，使他的箭射得又快又远。

　　　　怀着快乐的心情，在弓箭手的手里弯曲吧，

　　　　因为他爱一路飞翔的箭，也爱无比稳定的弓。

附录："搞事"合约（案例）

甲方：孩子　图图

乙方：家长　鹏程万里

项目名称：关于　周末创新饺子制作　合作项目

项目意义（目的）：通过这次项目，孩子学会包饺子的流程，理解父母平时做饭的辛苦，强化孩子的动手能力和合作意识，家长学会平易近人地和孩子相处，听孩子表达对做饭以及做家务的理解和看法。

项目形式：

A.由家长主导，孩子协助。　B.由孩子主导，家长协助。

项目安排：

1.项目筹备会议（记录）

会议时间：周二晚上8点　会议地点：家庭餐厅

主持人：妈妈　记录人：图图

会议讨论内容：

发言人A（妈妈）：本周六晚上，我们创新饺子项目正式落地，大家有没有问题？

发言人B（图图）：周六有补习班，可否改到周日中午？周日没有补习。

发言人C（爸爸）：周六晚上弄完，周日就可以休息了，我们还是周六吧。

发言人A（妈妈）：因为是合作项目，必须全家参与，如果只是我和爸爸操作，就没有合作而言，我建议听图图的，周日中午进行，爸爸还有没有异议？

发言人C（爸爸）：无异议，服从组织安排。

发言人A（妈妈）：好的，图图可以针对包饺子的相关细节进行安排。

发言人B（图图）：我要学习包饺子，饺子馅的制作还暂时不会，但是我可以看，打打下手，帮着择菜、买东西。

发言人C（爸爸）：包饺子首先要准备饺子皮和饺子馅，你想吃什么馅的？我们先确定这个，然后买馅的材料和饺子皮，包好了之后煮饺子也是一门技术活，这个就由你妈来吧，你第一次弄肯定会失败。

发言人A（妈妈）：咱们先确定吃什么馅的，然后图图来安排，该动手就动手，我觉得图图可以下好饺子。

发言人B（图图）：我们吃香菇馅和芹菜馅的吧，芹菜的妈妈做得好，香菇的没吃过，感觉应该还不错。妈妈负责买芹菜和香菇，爸爸负责买肉，我去买饺子皮，我们周六补习后去买吧，如果还需要什么到时候再买。

周日爸爸弄饺子馅，我帮你择菜，弄蒜泥。然后我和妈妈一起包饺子，煮饺子的时候妈妈教我煮，我自己弄一锅试试，应该不难吧。

发言人A（妈妈）：好的，大致上就按照图图说的做，但是香菇馅的我们没有做过，网上可以找一找香菇馅的做法，这个是图图提出来的就图图来查找吧，爸爸就按照图图查找出来的做法操作。买东西的钱老爸出，我们一起到超市，就挑选自己负责的那部分东西，煮饺子我先给你示范，注意要先把水烧开，再放饺子，饺子放进去后要用漏勺轻轻地拨弄一下，不要让饺子直接粘在锅底，等水再开（翻滚）的时候加一点凉水，一般开3次就好。到时候我在旁边指导你，还有没有其他问题？

发言人C（爸爸）：没有问题，听从组织安排，还有洗碗的工作，我们看谁吃得最少谁洗可否？

发言人B（图图）：没有问题。

发言人A（妈妈）：没有问题。本次项目筹备会到此结束。

2. 项目内容分工

项目内容	负责人	完成时间
查询香菇馅饺子的做法	图图	周二—周五
买肉	爸爸	周六
买芹菜、香菇	妈妈	周六

续表

项目内容	负责人	完成时间
买饺子皮	图图	周六
其他相关材料	全家	周六
制作饺子馅	爸爸、图图	周日
包饺子	图图、妈妈	周日
煮饺子	图图、妈妈	周日
洗碗	待定	周日

项目后期总结：

图图：

本次项目打分（0~10分）：9分，我打分的依据是我学会包饺子和煮饺子了，而且按照我查找的香菇馅饺子的做法做出来的饺子很好吃，通过这次集体做饭，感觉和家人一起完成任务很快乐，离满分还差1分。我如果当初煮饺子不那么着急，不煮坏就更好了，也许可以有更好的结果。

通过本次亲子合作：我学会了制作饺子、作事前准备，有时候过来人讲的话比较对，期待下一次合作项目的时间是下下个周末。

妈妈：

本次项目打分（0~10分）：9分，我打分的依据是饺子做得比较成功，家人合作得很愉快，离满分还差 1 分。我如果当初都做香菇馅的饺子就好了，也许可以有更好的结果。

通过本次亲子合作：我学会了信任孩子，他们比我们想象的厉害，期待下一次合作尽快到来。

爸爸：

本次项目打分（0~10分）：8分，我打分的依据是合作快、效果好，包饺子、煮饺子基本上没有太大问题，离满分还差 2 分。我如果当初更加信任孩子的能力，也许可以有更好的结果。

通过本次亲子合作：我学会了信任孩子，孩子比我们想象中的厉害。还学会了香菇馅饺子的做法，期待下一次合作项目的时间是半个月内。

参考文献

[1] 林甲针，陈如优 . 高中生职业生涯规划与班级团体辅导 [M]. 福州：福建教育出版社 ,2015.

[2] 高杰 . 给高中生的建议 [M]. 武汉：长江文艺出版社，2016.

[3] 顾明远，翟博 . 新高考来了：怎么看，怎么办 [M]. 北京：高等教育出版社，2016.

[4] 金树人 . 生涯咨询与辅导 [M]. 北京：高等教育出版社，2007.

[5] 贾杰 . 别装了，其实你没病：生涯微咨询欢乐答疑 [M]. 北京：北京大学出版社 ,2017.

[6] 李璇 . 亲子生涯沟通过程及其对青少年的影响——基于人际互动过程回忆法的质性研究 [D]. 北京：北京师范大学，2012.

[7] 吴沙 . 遇见生涯大师 [M]. 北京：北京大学出版社，2017.

[8] 姚莹颖 . 亲子生涯沟通、主动性人格对青少年生涯适应力的影响 [D]. 北京：北京师范大学，2012.

[9] 张纪元 . 中学生职业生涯规划教学设计 [M]. 北京：北京师范大学出版社 ,2012.

[10] 阿黛尔·法伯，伊莱恩·玛兹丽施 . 如何说孩子才能和平相处 [M]. 王欧娅，译 . 北京：中国商业出版社 .2010.

[11] 杰弗里·H. 格林豪斯，等. 职业生涯管理 [M]. 王伟，译. 北京：清华大学出版社，2006.

[12] 丹尼尔·平克. 全新思维：决胜未来的 6 大能力 [M]. 高芳，译. 杭州：浙江人民出版社，2013.

[13] 吉拉德·伊根. 高明的心理助人者 [M]. 郑维廉，译. 上海：上海教育出版社，2008.

后 记

　　写作的这段时间，兴奋和倦怠交替体验。亲子教育千丝
万缕、千差万别，一家之言意义何在？"它"是否值得翻阅？
个中的自我批判、自我怀疑、否定之否定，还有伙伴与亲人
的鼓励、加油、打气，时时刻刻都感觉自己身置"冰与火"
之中。"它"不完美，但是似乎熬尽了自己的"生涯"所学。
从一年前萌发写作的念头到开始提笔、最后收笔，那些努力
和热爱，时时也令自己感动。

　　我并不是一个聪慧的人，写作的这段时间就只是埋着
头、沉淀下去，到那些角色里面去，细细地咀嚼、慢慢地熬。
所以，写作中我常常做着这样一件事，那就是不断地进行
"角色转移"。

　　我时常是"我"，此书的笔者。

　　我时常是"老妈"，此书的主角。

　　当然，我又时常是另一个"我"，单纯的就是一个"13
岁孩子的妈妈"，此书的读者。

　　在这个"角色转移"的过程里，我不断往前、再往前去
寻找"老妈"成长的痕迹。在这些"翻寻"里，最有价值的
是女儿五岁的时候我写给她的一封信。当然，与其说是写给
女儿，不如说是写给当时的自己。

　　　　亲爱的女儿：

　　　　　　妈妈从来没有用这种方式和你说话，你觉得奇怪

吗？昨天早上，妈妈送你上幼儿园，见你和一群同学在室外玩得那么开心，真希望你们永远这样天真、快乐！现在妈妈有许多话想讲给你听：自从有了你，幸福就时刻围绕着我们。我们为你感到骄傲和自豪，你身上有着那么多值得我们学习的优点：

你是个诚实的孩子，你知道撒谎是不对的，不管什么时候，你有任何事情，都和我们大人讲。做得对还是做得不对，都不撒谎，妈妈为你感到骄傲。

你是一个聪明的孩子。你总是记得很多你感兴趣的事情，一次手工，一段音乐，一些熟悉的文字，甚至大人谈论的一些信息。妈妈知道，你是在向生活学习，这说明你是个有心的孩子，学到了很多知识，你很聪明。妈妈为你感到骄傲。

你是一个善良的孩子。外婆辛苦了一天，你会为她捶捶背；妈妈生病了，你会不断地关心、安慰我。你知道外婆也好、妈妈也好，对你都很重要，你已经学会了关心别人，妈妈为你感到骄傲。

你是一个懂事的孩子。虽然你只有5岁多一点，但你已经开始懂事了。你早就自己刷牙洗脸，今年春天起，你已开始坚持每天早上自己穿衣服。爸爸妈妈在忙碌的时候，你会专心做着自己的事情，从不打扰我们。女儿，你越来越懂事，妈妈为你感到骄傲。

你是一个快乐的孩子。每天上学放学、起床睡觉、画画、玩耍，你都是高高兴兴的，很快乐。妈妈最喜欢快乐的女儿，你的快乐就是爸爸妈妈的快乐，就是全家人的快乐。你每天快乐地学习、快乐地玩耍，也感染了妈妈，妈妈每天也是快乐的，妈妈为你感到骄傲。

你是一个好学的孩子。你对这个世界充满好奇，你总是有很多的问题，你已经懂得如何了解、学习未知的东西，在提问中学习知识。任何人都是从什么都不懂开始学习的，你很好学，妈妈为你感到骄傲。

女儿，在你的身上，怎么有那么多的优点，数都数不完。妈妈一边写一边笑，我的女儿真的是我的骄傲呢。现在你是中班的学生了，明年就上小学了，妈妈和你一起学习，一起进步，好吗？

爱你的妈妈

二○○九年三月二十六日

过往的点点滴滴，就像一颗颗散落的珍珠，被时间串了起来，在那里灼灼发光。如今的女儿，更加强烈地朝着自己想要的方向去生长，那种来自生命的张力让人心生敬畏。作为老妈，对女儿一路地"尊重、支持、陪伴"，还要继续坚持下去！

作为"老妈"，我也更加悉心地去关注更多的青少年，去不同的校园、不同的社区，走近他们、了解他们、帮助他们。有时走在路上，低头看到一棵棵恣意向上的小草，有的在开阔的草坪上，有的在狭窄的石缝里，都会让我禁不住想起他们。在生涯教育过程中，我愈加珍惜、爱护一个个鲜活青春的生命，愈加尊重他们的自由生长。

　　最后我想说，每一个家庭、每一个青少年都拥有各自不同的发展目标、不同的成长资源，正因为这些不同而呈现多元化，呈现生涯教育、亲子教育的精彩。在此深深致谢各位读者的开放、包容和耐心，期待得到你们的反馈。

本书为重庆市社会科学规划项目结题成果，项目名称：重庆市深度贫困地区青少年群体素质养成实证研究，项目编号：2018YBDJ014。